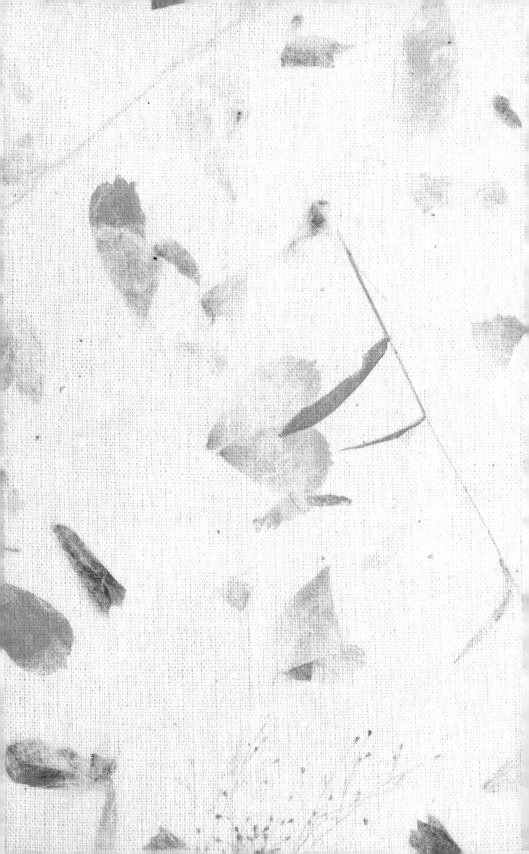

삶의 원리를 돌아보다

나라는 존재를 찾아 탐구하는 시간

삶의 원리를

돌아보다

김점기 지음

자연 원리에 따라 흐르는 인간의 삶
이 땅에 태어난 우리 인류는 누구인가?

문학공감

글을 시작하며

한 인간이 태어나서 살아 온 지금 살아가는 시간의 과정에서 농축되고 저장된 기억을 더듬어 보았더니, 30대 중반쯤에 삶이란 무엇인가에 대한 강한 의문이 들었다.

부모로부터 태어나서 어린 시절을 지나 성인이 되어 혈기 왕성할 때도 있었고 가끔은 지난날을 회상하는 나란 존재가 있다.
내가 누구인지? 어떠한 존재인지? 왜 사는지?
이 세상에 오기 전에는 무엇이었고, 일정 기간 삶을 살다 언젠가 없어진 이후는 또 어떻게 되는지?

이 시간에도 살아가면서 스스로나 주위의 인연들을 볼 때 매우 행복하기는커녕 바라는 대로 되지 않는 일이 더 많고, 건강이 나빠지고 각종 사고나 사건으로 어려움에 부닥치는 등 불행을 겪는 건 왜일까?

나도 어떤 어려움을 접하면서 때로는 낙심도 했지만, 그래도 붙어 있는 목숨이니 어쩌지도 못하고 무엇이라도 붙잡아 알기라도 하고자 했다. 돌고 돌면서 노력하고 굽이굽이 그 시기를 지나서 지금에서야 돌아보니, 이 말 없는 대자연은 알게 모르게 그 의문에 응답을 주시고 있었음을 알았다. 바르게 살아가도록 이끌어 주셨음을 이제야 조금 알게 되었고, 그래서 감사할 줄도 알게 되었다.

감사함을 행하는 차원에서, 한 인간이 체험한 내용을 토대로 아주 조금 터득한 공부와 내용을 보태 성심성의껏 나누는 차원에서 이 글을 쓰게 되었다.
조금 터득하였다고는 하지만, 공부하는 중이라 아주 기초적인 부분이란 것을 밝힌다.

물론 개인적인 사례라 내용 중에 공감되는 부분도 있을 거고, 아니면 다르게 와 닿아 공감하지 않는 부분도 있겠지만, 살아가는 길에 하나의 참고라도 되었으면 하는 바람이다.

2025. 02
김점기

CONTENTS

CONTENTS

• 01 •

삶에 대한 강한 의문

인간은 무슨 이유로
이 땅에 태어났나?

나를 비롯해 모든 사람들이 태어나서 자라고 일련의 삶을 잘 살아가다가 어느 날 늙고 병들어 결국 죽는다. 즉, 생로병사(生老病死)로 이 세상에서 형체가 사라지는 것이다.

아~ 이 무엇인가, 세상에 오기 전에는 뭐였으며, 죽은 다음에는 어떻게 되는가, 이 세상과 영영 단절되는가, 두려움과 강한 의문이 들었다.

30대 중반쯤, 어느 날 퇴근하는 길에 동료와 술 한잔을 놓고 이야기할 기회가 있었다. 그때 내가 인간의 삶에 대해서 이야기를 먼저 꺼냈다. 이 삶이란 것에 대해서 말이다. 이렇게 살아가다가 끝에는 누구나 없어지는 것에 대한 의문이 든다고 말했다. 동료는 그걸 알아서 뭐 하려고 그러느냐고 했다.

그렇지만 내게는 이 인간의 삶과 삶이 끝난 후 어떻게 되는지에 대한 의문이 계속되었다. 이렇게 보이는 대로 현상적으로 멀쩡히 살아 움직이고 있는 인간이 생을 마감한 뒤에는 어떻게 운행되는

삶의 원리를 돌아보다

것일까? 이렇게 살다가 어느 시간 후에는 사라지고 아무것도 없는데 이건 뭐지 하고 의문을 가지게 되었다.

최소한 내 생각에는 앞과 뒤로 단절되지는 않을 것이다. 만약 단절되어 있다면 너무도 허무하고 아무런 뜻이 없겠다는 생각이 들었다.

우리의 삶이 앞과 뒤와 현재가 어떤 원으로 이어져 있다고 형상적으로 유추해 보았다. 어느 부분에서는 나타났다가 어느 부분에서는 보이지 않는 존재로 있다는 말인가?

이걸 알 길이 없어 종교에도 기웃거리고 여러 가지 책도 접했지만, 그 답을 찾지 못하고 궁금해하면서 직장생활을 계속하였다.

현재 나뿐만 아니라 옆에 또는 시간의 배열 가운데 수많은 사람이 태어나 자라서 생을 살다가 죽음을 맞이했다. 지금 순간의 나도 언젠가 그렇게 떠날 거지만, 그 끝을 자각하지 못한 채 살아가고 있다.

나를 포함한 우리 인류는 누구인가?

현재 나라는 존재는 무엇이고 태어나기 전에는 무엇이었고, 생을 마치고는 어떻게 되는 것인가?

먼저 태어났다가 가신 수많은 조상님들과 현재 우리는 어떠한 존재들인가.

또 함께 존재하는 동·식물들과 이 자연은 과연 어떤 존재이며 인간은 사고할 수 있는 존재로서 이 자연환경들을 어떻게 생각해야 하는가?

인간을 포함한 모든 생물은 태어나서 유한하게 살다가 늙고 병들어 죽는다고 하는 존재 모습을 보인다. 자연은 변하고 순환하고 또한 생물체들도 그 환경 속에서 관계를 맺으며 살아가고 있다.

이제 좁혀서 우선 인간이란 존재에 대해서, 더 좁혀서 나란 존재에 대해서 생각해 본다.

살아가는 삶에 있어서 즐겁고 기쁜 상황과 일들도 있지만, 기쁜 일보다는 슬프고, 안타깝고, 아프고, 쓰라린 일들이 더 많다. 고뇌와 이루 말할 수 없는 어려운 상황들을 겪으면서 살아가는 게 인간의 삶이다.

또한 너나 할 것 없이 누구나 모두 다 죽는다는 명제를 가지고 있다는 것을 안다. 그러므로 상대적인 박탈감이나 손해랄 것은 없지만, 우리는 이 명제에 대해 어떤 의견을 내거나 저항조차 하지 않는다. 평상시에는 그 사실을 잊은 상태로 그냥 살아가는 데 몰두한다.

비록 이 문제에 의문을 제기한 인류의 선각자들이 인류를 구원하기 위해 하늘과 자연의 명을 받아 인간으로서는 상상하지 못할 고통과 인내로써 이겨낼 수 있는 최대한계치의 전선을 넘나들며 인류 고통의 해답을 찾으려고 무진 노력해 왔음도 알고 있지만 말이다.

삶의 원리를 돌아보다

살면서 어려움은
왜 닥쳐오는가?

오늘날 물질문명의 발달과 과학기술의 진전으로 편리한 생활과 긴 수명을 얻었다. 하지만 여전히 인류의 어려움은 계속될 뿐 아니라 더 어려운 환경과 현상이 이어지고 있다.

그 어려움을 열거해 보면 우선 건강 문제로서, 신체와 정신적 건강 측면에서 어려움은 치매인구의 증가, 각종 정신질환, 자살, 당뇨병, 신장투석질환, 심장질환, 뇌질환, 선천·후천적인 장애 발생, 바이러스에 의한 전 세계적 유행병(pandemic disease)이 있다.

사회관계 속에서 어려움을 겪는 환경으로는 사회생활이나 직장에서 겪는 스트레스 현상, 사회적 경제적 빈부격차, 보이스피싱 등 금융사기, 전세금 사기, 실제와 다른 내용으로 퍼져나가는 일명 가짜뉴스로 사회적인 스트레스 유발, 비난과 공격이 난무하는 현장을 알려주는 언론에 피로를 느껴 뉴스를 보지 않는다는 언론접근 애로증 등이 있다.

그리고 전 지구적인 이상기후 현상, 많은 지역의 식량부족과 기아 현상, 열악한 공중위생으로 각종 질병 노출 상태, 국가 간의 분쟁과 전쟁으로 수많은 사람이 목숨을 잃고 있다.

어려움의 원인을 가만히 살펴보면 환경적으로 오는 어려움보다 인간 간의 일들이 많은 부분임을 알 수 있다.

그렇다면 인간 스스로 자각하고 올바른 삶을 살아가는 것이 우선되어야 할 것이다. 그리고 또 우리는 자연과 어떻게 살아가야 할 것인가를 깊이 생각해 보게 된다.

· 02 ·

한 인간의 태어남과
성장 과정

농사일을 도우며 보낸
유년기

나란 인간 개체는 어쨌든 이 세상에 태어났다.

내가 가진 첫 기억은 4살 무렵 아버지의 손을 잡고 밭에 가서 조부모님이 일하시는 모습을 본 일이다. 자라면서 경험한 모든 장면이 기억나는 것은 아니지만, 장면 장면마다 떠오르는 기억이 많긴 하다. 이렇게 우리 인간은 보통 3살 이전은 기억하지 못하고 그 이후의 삶은 많은 장면이 기억으로 저장된다. 그리고 살아가면서 그 옛날의 상황들을 떠올리곤 한다.

그러면 과연 이 필자가 처음부터 의문을 가졌던 나란 개체에 대해서 한번 회상해 보고자 한다.

그러니까 1958년 음력 3월 27일인데 환산해 보니 양력 5월 15일 경상북도에서도 조금 오지인 북부지역인 예천군에서 태어났다.

　　　　　　　　　　　　　　삶의 원리를 돌아보다

가장 먼저 떠오르는 기억은 3~4살 정도 때 밭에 가서 아버지가 나를 들어 올려 빙빙 돌렸던 장면이다. 그 외 어머니에게 안기어 동네에 온 공연단의 연극을 봤던 장면이 떠오르고, 초등학교 입학식 때 손수건을 가슴에 달고 있었던 모습이 생각난다.

그 이후 어쩐 상황인지 나는 부모님이 계시지 않았고 할아버지 할머니가 나를 키우셨고, 세 살 아래인 유복자 남동생이 있었다. 그리고 출가하신 고모님 두 분이 계셨다.

할아버지 할머니께서는 1남 2녀를 두셨다. 외아들인 아버지는 그때 그 시절 서울에서 대학교를 졸업하시고 철도청에 취업하여 강원도 어느 일선 역에 근무하셨다. 1961년 어느 여름날 갑자기 뇌출혈을 일으켜 이송하여 서울대학교 병원에 입원하여 치료를 받았는데 회복하지 못하고 세상을 떠나셨다.

그런 후 어머니도 집에 같이 살지 못하고 개가(改嫁)를 하셨다.

그때의 상황은 너무 어려서인지 다른 기억은 없고, 그 후에 네다섯 살이 지나고 일곱 살에 초등학교 입학 후에야 부모님이 계시지 않고 대신에 할아버지 할머니가 키우시는 걸 알 수가 있었다.

사실 동네 친구들의 집 환경과 비교해도 별다른 점은 없었지만 성장해 가면서 불공평하다고 여긴 점이 하나 있었다. 다른 친구들은 마음대로 놀 시간에 우리 형제들은 집안일을 도와드려야 했다는 것이다.

왜냐하면 그 당시 할아버지 할머니는 60세가 되는 연세여서 농사일을 젊은 아들뻘 세대같이 일을 해내지 못하셨기 때문에 어린 우리의 손이나마 도움이 필요했기 때문이다.

또 하나 할아버지가 우시장에서 사고를 당하셨다. 내가 중학교 때였던가 할아버지는 5일마다 장이 들어서는 우시장에서 중개인을 하셨다. 그런데 어느 날 큰 소가 수그려 앉은 할아버지를 덮쳐 척추뼈가 손상되는 사고를 당하면서 그 이후로 할아버지는 지게에 무거운 짐을 지신다든지 하는 일을 못 하게 되신 사정이다.

왜 이런 환경이 내게 주어졌는지 원망하면서도 도저히 어떻게 되지 않는 상황인지라 숙명으로 받아들일 수밖에 없었다.
그 당시 농가에서는 소를 키워서 밭 갈고 논을 가는 데 없어서는 안 되는 중요한 농사 일꾼이며, 가정 경제의 큰 밑천이기도 했다.
송아지 또는 중송아지를 사서 몇 개월 키우면 큰 소로 자라는데, 이때 들판으로 나가 쟁기질을 가르치고 길들여 농사일에 참여시킨다. 그 뒤 어느 땐가 가정에서 아들·딸 대학 등록금을 내야한다든지 목돈이 필요할 때, 이 애지중지 가족같이 정들었던 소를 우시장에 끌고 가서 매매를 하게 된다.

어른들은 소 판 돈을 허리춤에 찬 전대에 넣고 집에 오시면 장롱 속에 고이 간직했다가, 며칠 후 목돈이 필요한 용처로 쓰고 또

삶의 원리를 돌아보다

얼마 남은 그 돈으로 우시장에 가서 싹수 있어 보이는 송아지를 사서 집으로 들여와서 다시 큰 소가 될 때까지 사육을 하는 것이었다.

그래서 이때쯤 고만고만한 우리 또래 아이들은 들과 야산에 지게를 지고 나가서 소먹이 풀을 하루에 한 짐을 장만해 집으로 와야 하는 임무를 맡곤 했다.

내가 중·고등학교 다니면서 우리 집에서는 이 일이 전적으로 나의 책임이 되었다. 이 작업은 여름에 비가 와도 해야 했다. 물을 한껏 품은 풀은 평소보다 무거워서 한 바지게 가득 쌓고 줄로 묶은 뒤 어깨에 지게를 메고 일어서려면 지게 작대기로 지탱하여 두 다리와 팔, 몸으로 동시에 힘을 써야 일어날 수 있었다.

그런 다음 집으로 향하는데 그 길이 멀 때도 있고 비교적 가까울 때도 있지만 대부분 논과 밭이 있는 들판과 산을 몇 굽이를 지나야 집에 다다를 수 있는 거리로서 집까지는 두세 번은 좀 쉬었다가 와야 했다.

물론 다른 친구들도 소먹이고 하는 일들은 했었다. 그러나 젊은 부모가 안 계시는 우리 가정은 우리 형제가 더 많이 일을 거들어 드려야 했고 소먹이 풀 작업만은 맏이인 내가 전적으로 담당했다. 또 그 당시 소작농도 많았고 남의 집에 가서 품팔이도 하는 사람도 많았던 만큼, 우리 가정은 논과 밭을 어느 정도 소유하고 있어서 끼니 걱정을 하거나 가난하다는 생각은 하지 않았지만 중·고등학교 시절 하교 후 집에 오면 논밭으로 가서 일을 거들어 드려야 했던 그 고단함이 참 답답하기만 했었다.

리어카라도 들어가는 논밭은 그나마 나은데 사람만이 걸어갈 수 있는 논밭은 그야말로 고역이었다.

왜냐하면 농산물을 온전히 지게로만 지고 리어카를 세운 길까지 운반해야 했기 때문이다. 예를 들어 고구마나 땅콩을 심어 캤다든지 하면 가을 수확 때는 기쁨보다는 지고 들고 운반해야 하는 걱정이 더 많았다. 그러나 누가 해주는 것도 아니니 거기다가 힘을 쓸 수밖에 없었다. 지게를 지고 나를 수밖에 없는 상황이 되는 것이었다.

밭에서 사람이 걸어 다니는 길을 이용하여 막상 지게에 한 짐을 싣고 나르다 한참 가다가 보면, 어깨가 무지 아파서 짐을 곧 내려 놓고 쉬고 싶은 마음이 굴뚝같이 들 때가 있었다. 그럴 때는 여유 공간에 지게를 내려 지게작대기를 공구어 놓고 잠시 어깨를 풀고 쉬었다가 다시 지게를 지고 리어카가 있는 곳까지 가서 내려놓곤 하였다.

이런 지게 짐을 네댓 짐 나르고 하면 그 양이 리어카 한 대를 채운다. 리어카 짐과 지게를 같이 싣고 집으로 운반해 와서 마당에 내려놓으면, 이제 마무리 작업에 들어간다.

삶의 원리를 돌아보다

그리하여 초여름에는 보리와 밀을 재배하여 베어내고 그 후작으로 참외를 재배하여 북을 주고 김을 매어 잘 익은 노란 참외를 따서 시장에다 내다 팔았고, 여름에는 수확하는 고추가 있었다. 또 누에를 치는데 봄에는 뽕나무 가지째 베어와서 집에서 뽕을 쌓아놓고 시간마다 누에에게 주고 가을에는 뽕잎만 따와서 누에에게 먹였다. 다 성장한 누에는 누에고치로 보답을 하는데 누에고치를 갖다 팔아 몇만 원의 목돈도 마련하였다.

가을에는 논과 밭의 둘레에 재배한 콩 종류를 수확하고, 또 500여 평 되는 밭에는 땅콩을 재배했다. 수확할 때는 뿌리째 뽑아서 4~5일간 건조하여 땅콩집에 있는 땅콩만 털어 자루에 담아 리어카에 싣고 집까지 운반했다. 이 땅콩은 말려서 일단 저장해 두었다가 농촌을 돌며 사러 오는 상인에게 팔았다.

리어카가 들어가는 가까운 밭에는 무와 배추를 심었고 쌀농사로 논에 벼를 심었다. 이른 봄에 소의 힘을 이용하여 논을 갈고 한쪽 편에 못자리판을 만들어 모가 모판에서 45일 정도 자라면 5월 말이나 6월 중순 정도 시기까지 본 논에 물을 대고 고른 다음 모내기를 한다. 이 작업이 농가에서는 1년 중 가장 큰 농사일이기도 하였다.

이웃의 여러 농가 인력이 품삯을 받거나 품앗이 형태로 한 농가씩 날을 받아 집중하여 모를 심는 작업을 하였다.

이때는 그야말로 농번기라서 중·고등학교에 다니는 아이들도 거들곤 했지만, 할아버지 할머니가 농사짓는 우리 가정은 내가 거들도록 스케줄이 짜여 있었다. 즉 농번기에는 가급적 공휴일에 아침 일찍부터 리어카에 필요한 준비물을 싣고 논으로 이동하였다.

　이른 아침을 먹고 리어카에 모를 묶을 볏짚과 삽과 낫을 싣고 논에 도착하여 내려놓고 모를 찌는 일(모를 한 묶음씩 만드는 일)을 돕는다. 돕는다기보다는 아예 한몫하는 것이다.

　그 뒤 미리 연락한 당일 일꾼들이 도착하면 이제 본격적으로 작업을 하였는데 원활하게 작업하기 위해 나는 틈틈이 일을 했다. 가마니를 반으로 갈라 편편하게 만든 운반 도구에 모 묶음을 싣고 물 위로 끄는 형식으로 모를 심을 본 논에 모찜묶음을 고르게 갖다 놓은 작업을 해야 했다.

　이 작업도 물 위로 끈을 매어 당겨 이동하면서 모찜묶음을 여기저기 나르는 것인데 어린 나로서는 상당히 힘든 작업이었다.

　또 모내기를 마치고 시간이 흘러 모가 자라면 빈 곳에 잡초와 벼와 닮아 구분이 잘되지 않은 피라는 벼 사촌도 자란다. 그 시절에는 애벌 논메기와 중벌 논메기라 하여 잡초도 제거하고 벼 뿌리 사이로 좀 헤집어 공기를 넣어 주는 작업도 하였다.

　이 시기가 되면 6월 중순 이후 낮에는 제법 따끈따끈해 작업을 하면 땀이 온몸을 적셨다.

삶의 원리를 돌아보다

서러움을 펜 끝에 옮기다

어느 날 일요일이었다. 이날도 아침 먹고 긴 톱니바퀴로 밀었다 당겼다 하면서 모가 자라고 있는 논에 풀을 제거하는 농기구를 가지고 논매러 가자고 하는 할아버지의 당연한 듯 요구와 명령이 떨어졌다.

전날 동네 친구들과 일요일 오전에 인근 학교 운동장에서 모여 축구를 한판 하자는 약속을 했기 때문에 어린 마음에서 친구들과 한판 뛰어노는 생각이 머리에 맴돌았다. 하지만 어쩔 수 없이 논으로 김을 매러 가야만 하는 상황이 닥치어 무척 속이 상하고 아쉽고 당장이라도 팽개치고 학교 운동장으로 달려가고 싶었다.

친구들과의 약속이 뇌리에 맴돌아 마음이 편하지 못했지만 도구를 리어카에 싣고 논머리에 도착하였다. 다리를 걷어 벼 사이골에 풀을 갈아 없애는 도구를 밀었다 당겼다 하며 작업하는데도 나의 머릿속에는 놀러 가지 못한 아쉬운 생각이 치밀어 올랐다. 일이 무척 하기 싫어 당장 던져버리고 친구들에게 달려가고픈 마음이 굴뚝같이 솟아 올라왔다.

그런데 할아버지가 일하고 계시는 근처로 가는데, 내가 잡초를 없애는 게 아니라 벼를 갈아엎고 있음을 할아버지가 보셨다. 보시 자마자 할아버지도 내 태도에 직감하셨는지, "야! 이놈아, 일하기 싫으면 놓고 가라!" 하면서 역정을 내셨다. 무섭기도 하지만 듣던 중 반가운 말씀이라고 생각하면서, 에라! 모르겠다, 야단을 듣는 구나 하고 뒷일은 모르겠고 하던 일을 냅다 멈추고는 논에서 나와 도망을 치고 말았다. 그래서 당일 이후 시간에는 친구들과 합류해 서 실컷 축구도 하고 해가 질 때까지 놀았던 기억이 난다.

지금 생각하니 할아버지는 많은 연세로 농사일이 힘에 부쳐 어 린 손자의 힘이라도 보태서 생활비를 마련해야 하는 처지였다. 그 때 계획적으로 그렇게 했는지 기억이 가물가물하지만, 그때 그 순 간을 떠올리면 할아버지를 돕지 못한 것이 죄송스럽다. 나도 집안 형편을 어느 정도는 인지하여 일을 도와 왔고 그때도 해야만 함을 알고 있었다. 그래도 일정이 겹치면 어린 생각에 마냥 친구들과 놀 고 싶은 마음이 더 들었을 거라 생각한다.

사실 그때 당시에는 어린 마음에도 고통이었다. 놀고는 싶은데 집의 농사일을 거들어야 하니, 놀 시간을 잘 할애하지 못하고 애 타는 심정이었다.

이웃집과 비교도 했는데, 우리 집은 어린 내 힘에 맞게 실어 오는 것과 달리, 아버지가 계신 아랫집은 젊은 아버지가 지게로 큰 짐 한 바지개를 벌컥 지고 오는 광경이라든지, 리어카에 가득 싣고 들어오 는 모습을 보니 효율적인 면에서 많은 차이가 나서 그 점이 부러웠다.

또한 두 살 아래인 그 댁의 아이는 그렇게 힘든 일을 하지 않아도 된다는 것에 서글퍼질 때도 있었다. 그러나 어쩌랴. 가정 형편이 그러한 것을 누구에게도 원망도 할 바가 아닌지라 그냥 삭일 수밖에 없었다.

말도 못 하고 할아버지로부터 꾸중을 심하게 들을 때에는 밤에 혼자 방에 누워 어찌할 수 없는 상황을 생각하며 속상함과 서러움이 북받쳐 오르며 눈물을 지은 적이 많았지만, 또래 친구들과 다른 환경에서 생활하였기에 인내심을 기를 수 있는 계기가 되었다고 생각한다.

또 한 가지 사실, 고등학교 1학년 말이었다. 농업계 고등학교인지라 학교에서 배운 밭작물인 고추 선진재배법을 우리 집 농사에 직접 시도해 보았다. 내용인즉 2월 말~3월 초에 우리 논 귀퉁이에 5평 규모의 비닐하우스를 지어 밑바닥에 두엄을 50㎝ 넣고 두엄이 발효할 때 발생하는 열을 이용하여 바깥 기온이 낮을 때 하우스 내 온도를 적정하게 유지하도록 하여 고추 모를 생육하는 방법이었다. 이렇게 키운 고추 모종을 4월 말~5월 초에 본밭에 옮겨심어 직접 파종보다 생육이 빨라지도록 하여 생산량을 늘리는 고추 재배법이었다. 1970년대 초중반만 하더라도 고추나 오이 등 작물을 육묘하여 모종을 옮겨심는 그러한 농법은 거의 없었고, 직접 본밭에 씨앗을 뿌려 재배하는 농법이었다.

실험적으로 고추 모를 재배하여 본밭에도 비닐 멀칭을 하여 재배하니 생육도 빠르고 고추생산량도 많이 증가했다. 할아버지 할머니께서도 칭찬과 격려를 해 주셨고 시도한 실험 결과는 농업계

고등학교에 다니면서도 잠깐이라도 꿈과 희망을 가지게 하였다.

고등학생 시절 그러한 가정환경의 서러움과 실험적으로 해본 고추 재배를 바탕으로 꿈을 글로 표현한 적이 있었다. MBC 안동문화방송에서 생활 수기를 매주 공모해서 당선작을 발표하는 프로그램이 있었는데 고등학교 2학년 때에 나의 이러한 환경과 장래 꿈을 적은 수기를 아주 정성 들여 작성하였다. 동네에서 친한 친구와 의논하고 다듬어서 제목을 『대지의 개척자』로 하여 방송국에 우편으로 부쳐 접수했다.

내가 농업고등학교에 다니면서 농업을 아주 잘 경작하는 대농의 꿈을 표현한 제목이었다. 그렇게 공모에 제출한 그 작품이 처음에는 주간 장원이 되었고 한 달간의 심사에서 월 장원으로 또 당선되었다.

어느 일요일 아침 시간에 MBC 라디오에서 아나운서가 내가 써서 응모한 원고를 주 장원, 월 장원이라고 소개하고 낭독하는 내용을 듣고 있었다. 물론 우리 집의 라디오를 통해 할아버지 할머니도 들으셨다. 나는 그걸 들으면서 가슴이 찡하게 울렸다.

드디어 12월에 연말 장원을 발표하는데 고등부 연말 장원으로 최종 발표가 되었다. 지금은 그때 기분이 잘 떠오르지 않은데 아마도 매우 기뻤을 것이고 뭔가 하나를 해내었다는 기분이 든 걸로 기억이 된다.

비교해서 어려운 가정환경이지만 한 부분에서 보상을 받았다는 것으로 위안이 되었고, 할아버지 할머니께도 조금은 효도하였다고

삶의 원리를 돌아보다

생각이 되었다.

연말에 안동문화방송국에서 시상을 할 예정이니 참석해 달라는 우편 통지를 받고, 원고 작성에 같이 힘을 주었던 친구와 같이 버스를 타고 80여 리 거리에 있는 안동 시내 방송국으로 갔었다. 그 때 시상금이 3만 원이었다. 그걸로 친구에게도 고맙다는 표시로 선물도 마련해 주고 기쁨을 함께 나누었다. 아마도 그때 그 일 이후로 내게는 글도 좀 쓴다는 재주를 가졌다고 자부심도 가졌으나 지금도 유지되고 있는지는 명확히 알 수는 없다.

그런 이후에는 실업계인 농업고등학교를 졸업하고 대학 진학을 준비하던 중 마을 어귀 가게에서 친구들과 음료수를 마시며 이야기하다 밖에서 승용차가 가게 안으로 치고 들어와 엉겁결에 피신했다. 건물이 무너지고 하던 중 다리 골절상을 입는 사고를 당해 입원과 치료 등으로 수개월 치료 과정을 지나면서 인생의 진로가 전환되었다. 그 당시 대구에서 내과 전문의로 의원을 운영하셨던 종고모부님의 권유로 대구에 소재한 보건 계열 대학에 입학하였고 졸업 후 공공보건기관에 취업하여 공직의 길을 걷게 되었다.

초년 시절의 좀 어려웠던 과정이 있었긴 하지만 할아버지 할머니 덕분에 대학 등록금과 셋방 월세 등 금전적으로는 애로를 받지 않고 학교를 마칠 수 있었다. 감사한 일이었다. 결혼도 하였고 직장을 고향 지역의 보건소에서 초임을 받아 근무하다가 경남지역으로 옮겨 총 36여 년 근무하고 정년까지 마무리하였다.

· 03 ·

순탄하지 않은
어려움과 공부

직장생활 중 어려움

내 삶의 여정이 세상일에 정신을 빼앗겨 판단을 흐리는 일이 없는 불혹의 나이 40대 초중반이 되었을까, 그러니까 2002년경이었다.

직장에서 일 하나가 내게 맡겨졌는데 그 일을 딱히 하기도 싫었고, 스스로 부끄러운 이야기이지만 내겐 과중하고 책임성이 있는 직무인지라 그 일을 대하기가 움츠러들고 뭐 만질 수 없는 쥐나 뱀을 대하는 듯한 감정과 심정이 드는 것이었다. 이 업무가 소위 스트레스를 유발하는 대상이었다.

왜 이런지 그때는 뚜렷이 알지는 못했지만, 그것이 내게 부족한 기운에 맞닥뜨려지는 부분이었던 것으로 생각된다.

사람은 저마다 하기 좋은 부분이 있고 그 반면 하기 싫은 부분도 있어 그 약점이 되는 측면을 가지고 있다.

처음부터 거의 원만하게 갖추고 있는 사람은 아마도 매우 드물고 모두에게 모자람과 부족한 부분이 있는 게 아닐까.

사실 사람을 인간(人間)이라고 하는 단어도 깊이 따지고 보면 이

삶의 원리를 돌아보다

뜻과 관련이 있을 것이다.

그래서 나는 그 업무를 원활히 추진하지 못하여 다가올 앞일 걱정을 하고 부정적인 생각이 엄습하여 일이 잘못되는 경우로 몰아쳐 갔다. 결국 퇴근 후 집에 와서는 휴식으로 에너지를 재충전하여 이튿날 다시 원기 왕성하게 출근하여 업무를 당당하게 처리해 나가야 마땅함에도 불구하고 그러지 못하였다.

집에서 밥을 먹는 둥 마는 둥 머릿속은 잠시도 그 일거리를 놓지 못하고 있었다. 앞에서도 말했지만 긍정적으로 잘되는 방향이 아니라 아주 부정적으로 잘못되는 쪽으로 치달으니 마음이 편할 수가 없었다.

이 장면이 나중에 안 사실이지만, 아주 귀신의 습성에 녹아들었던 것이다. 귀신은 없는 것을 있는 사실인 것처럼 만들어 생각하는 점이 그 특성이므로 헛생각이라는 것이다. 이런 현상이 어느 종교에서 알려주는 백팔번뇌가 아니었던가. 즉 번뇌라는 것을 이제야 말할 수 있다. 즉 우리가 말하는 스트레스 현상을 가져오게 되는 것이다.

이런 현상을 아주 지독하게도 겪었다고 생각한다.

번뇌가 머릿속을 채우면 불안과 초조감이 몸으로 나타난다.

처음 겪게 되는 게 불면증이었다. 밤에 잠자리에서도 낮에 사무실에서 있었던 그 업무 생각이 머릿속을 떠나질 않아 편하게 잠이 들 수 없는 상태가 계속되었다. 그나마 간헐적으로 잠시 잠이 들었다가 이내 깨곤 하는 상태가 지속되어 숙면을 하지 못했다. 이튿날 아침 직장에 나가도 맑지 않은 정신으로 업무를 하게 되니 피로가 누적되어 갔다.

입맛도 없어져 식사를 정상적으로 하지 못하니 체중도 줄어들었다. 스트레스가 쌓이다 보니 소화마저 되지 않고 아랫배가 팽팽해지고 먹은 것이 제대로 없다 보니 변비 증상도 생겼다.

그래서 한의원에 가서 침을 맞기도 하였지만 그렇게 만족할 만한 효과는 없었다.

그래서 인근에 있는 절을 찾아갔다. 스님의 일요법회에서 해주시는 법문을 듣고 뭔가 마음의 위안을 얻을 수 있을까 하는 기대였다. 그리고 이름과 주소지를 적어 대웅전에 비치해 놓고 축원해 주신다는 말씀에 또 기대를 하는 마음이었다.

매주 일요일에는 절에 갔지만 모자라는 듯하여 집에서 아침저녁으로 내가 직접 할 수 있는 108배를 하였다. 그런 노력이 2년여를 해 보았다.

그러나 2년여를 해 보아도 내 마음이 별반 달라진 게 없었다. 108배를 할 때 그 시간만큼은 잠시 모든 것이 놓이고 잡다한 생각이 없었을 뿐, 근본적으로 해결되고 변화된 게 없었다.

삶의 원리를 돌아보다

40대 이전에는 큰 어려움 없이 오로지 한 목표를 위해서 살아오다가 40대에 들어서면 주위 환경으로부터 어떤 도전이 오고 그걸 헤쳐 나가느냐 하는 그 능력의 시험대를 맞닥뜨리는 시기라고 볼 수 있다. 아마도 그렇지 않은 사람도 있겠지만 20여 년이 지난 지금 가만히 생각해 보면 그때가 그 상황이었던 것으로 생각된다.

명상으로 수련하는
단체를 만나다

근무 시간 중에 어떤 일이 일어나도 집에 오면 그 사안을 놓고 현재에 집중해야 할 텐데 그러지를 못했다. 낮에 있었던 일들이 계속 머리에 뱅뱅 돌고 그 일들이 장차 잘못된 방향으로 확대되어 다가온다는 불안감이 엄습하는 상태가 되는 것이었다.

그로 인해 잠을 잘 시간에도 늦게까지 잠이 들지 못하고 새벽에야 깜박 잠을 잘 수 있는 소위 불면증의 날들이 한동안 계속되고, 평상시에도 이러한 환경과 현상들이 계속되어 소위 말하는 불안 증상이 오는 것이었다.

그래서 버티다 안 되겠다 싶어서 정신건강의학과 의원을 찾아 진료받게 되었다. 그때는 사실 내 자신도 매우 부끄러웠다.

그러한 상태를 여러 날 지나니 밥맛도 없어지고 먹는 것과 자는 것이 정상적으로 되지 않으니, 외형적인 몰골도 꾀죄죄해져 갔다.

정신건강의학과 의원에서 처방해 준 약을 먹고 그나마 조금 잠도 자고 하였으나, 약 기운인지 자고 나면 정신이 맑지 못하고 멍한 기분을 느꼈다.

그래서 이 상태로는 안 되겠다 싶던 차에 아내가 지인의 가족이 명상 수련으로 효과를 좀 보았다고 하는 말을 듣고 명상 수련을 하는 단체를 소개해 주었다.

그 상태에서 조금이라도 나아질 수만 있다면 어디라도 무엇이라도 해 보고 싶은 심정이었다.

명상 수련 공간을 마련해 운영하는 그 단체를 찾아가 상담을 하였다. 그 단체에서는 제법 많은 사람이 이미 명상 수련을 하고 있었다.

상담하고 등록한 다음 그 이후 이 방법만이 최선이라 생각하며 직장에 근무하는 시간 외에는 거의 모든 시간을 명상 수련에 투자하였다.

그 명상 수련에는 단계 과정이 몇 단계 있었는데 7~8년에 걸쳐 거의 최고 목표단계를 지났다.

그 명상 수련은 생활 현장에서 잡념을 없애주는 효과가 있었다.

이 세상의 모든 게 그렇지만 뭘 하든 각 개인의 특성에 따라 명상의 효과에 차이가 있음을 분명히 말해두고자 한다. 여기에 소개하는 것은 나의 개인적인 체험이기 때문에 이 내용이 모든 사람에게 일어나는 현상의 전부라고는 하지 않겠다.

지금 와서 돌아다보니 그때 그 명상 수련이 내 인생에 있어 효과와 많은 도움이 있었다.

명상 수련을 시작하고 2~3년간은 심신의 상태가 많이 좋아졌다. 불안감이 거의 사라지고 정서적인 편안함을 얻었고, 또 직장에서 맡은 업무와 일들을 거의 자신감 있게 잘 처리하였다.

우리가 직장에서 스트레스를 받는다고 말하는데 스트레스는 업무의 과중함으로 버거워할 때 나타나는 현상이기도 하다.

명상 수련을 하면서 의식의 확장이라고 하는데, 넓히고 높여 내면에서 일어나는 헛된 생각이나 관념(즉 불안감, 걱정거리, 부정적인 결말 등)을 떨쳐내어 온전한 정서적 감정으로 점차 내면을 채워나가는 결과를 얻었다.

그 효과로 어떤 일을 할 때 오직 현실에만 충실함으로써 즉 주위의 시끄러운 환경이나 압력이 오더라도 압도하고 영향을 거의 받지 않고 일 중심으로 해내는 그러한 긍정적인 측면이었다.

그럼으로써 옆에서 볼 때 흔히 업무 과중이나 주위의 부정적인 영향으로 스트레스를 받는다고 하면서 불평이나 불만을 하지 않고 묵묵히 잘 해내니 주위 동료나 상사로부터 인정을 받는 것이었다.

그렇게 일을 추진하니 승진할 시기가 되자 근무 평가를 잘 받아 승진도 제때 할 수가 있었다.

사실 이러한 성과도 좋았지만 지금 가만히 생각해 보니 마음이

　　　　　　　　삶의 원리를 돌아보다

란 또 정신이란 보이지 않는 세계에 관해 많은 공부를 해 그 영역
으로 확장했다는 점이 큰 이득이었다고 말할 수 있겠다.

　그런데 이상하게도 공부 시작 후 3~4년간은 좋았는데 6~7년
차에 가니, 몸에 이상한 현상이 오고 백회 정수리에 뭔가 넓적한
반죽이 달라붙는 느낌이 있어 걱정스러웠다.
　명상 수련을 계속 해야 할지 오래 고민하다가 중단해 보는 게 어
떤지 하며 중단을 했다.

신체의 기혈 순환에 대한 공부

명상 수련을 하는 회원 중에서 신체 기혈에 대해서 감각이 있는 분이 있었다.

어느 날 내 몸을 한번 훑고 나더니 나에게 기혈이 다 막혔다고 이야기를 해주었다. 사실 그때까지만 해도 기혈이 무엇인지 잘 몰랐다.

명상 수련 도중에 몇몇 회원이 신체 중 어느 부위가 결리거나 소화가 원활하게 되지 않을 시 신체 부위 중 기가 순환하지 못하고 정체되어 있는 기체(氣滯) 현상이 있다고 하면서, 등 부문을 밟아 주거나 팔다리를 주물러 주는 모습도 볼 수 있었다.

지금 생각해 보니 자연에서 운용하고 있는 기(氣)라는 존재와 작용을 공부할 기회였다고 생각한다.

명상 수련 3~4년 차에 그렇게 좋았던 모습은 온데간데없고 기혈이 막혔다는 현상이었는지는 그 당시에는 잘 몰라도 체중도 몇 킬로그램 줄어들고 의욕도 나지 않고 삶의 회의감이 찾아들었다.

그래서 또 무언가를 열심히 찾았다. 기혈이 무엇인가 한의학적

삶의 원리를 돌아보다

지식과 건강 서적도 찾아서 읽어 보았지만, 기혈이 있기는 있는데 어떻게 하면 순환시켜서 신체 정상을 운행할 수 있는지 많은 고민과 궁리를 하였다.

물론 가까운 한의원에 가서도 한동안 진료를 받아 보았다. 심리적인 기대는 받았을 뿐 내 마음에 흡족한 결과는 얻지 못했다.

그 외에 자연요법이라 하여 흙으로 구운 하트모양 기구를 구입하여 조금 튀어나온 부분을 배꼽 아래 단전 부위에 대고 몸 전체를 엎드려 압력이 전달되도록 하는 방법으로 30분에서 1시간 정도 버티는 방법도 시도했다.

매우 인내력을 요하는 동작이었으나, 기혈 순환이 좀 되었으면 하는 기대감으로 힘든 시간을 버티며 1일 1회씩 꽤 여러 날 해 보았다. 그 결과 머리부위에서 기혈이 조금 트인다는 감을 받았으나 몸 전체로는 그리 만족하지는 못했다.

보통 몸이 불편하다면 주위에서 말하는 온갖 것들을 받아들여 직접 시도해 보는데 나 자신도 그렇게 하는 편이었다.

또 하나의 경험한 방법은 기체험이라 하여 실내 일정한 공간에서 징을 두드리면서 옆에 같이 정자세를 하고 손바닥을 마주하는 것이다. 그 징 소리 파장이 몸에 전달되어 마주한 손바닥이 벌어지고 다른 사람들을 보니까 몸 전체가 움직이고 느리게 춤을 추듯이 하는 동작도 보였다. 이 방법도 한 달여 체험을 해 보니 나에게는 더 이상 진전이 없어서 또 그만두었다.

• 04 •

대자연에는 기(氣)와
운영 법칙이 있음을 알아가다

현재 세계는
어떻게 구축되고 구성된 상황일까?

　우리 몸의 기혈 순환에 대하여 인터넷과 유튜브에서 찾다가 어느 분야 강의에서 대자연에서 운영되는 기운에 대하여 언급한 내용을 접하였다. 우리나라에서 전래된 천부경과 다른 여러 자료에서 같은 견해의 내용이 있어 습득하였다.

　이 대자연 전체에는 천기(天氣), 지기(地氣), 인기(人氣)가 존재하는데, 시간을 거슬러 원래는 대자연 기운 에너지는 하나였던 무극(無極)의 상태에서 어떤 원인으로 인하여 과학적으로 표현하자면 빅뱅 현상이 발생하여 물질이 생겼다.

　그 후 오랜 시간을 거쳐 태초의 식물, 동물이 생겨났고 인간들도 과학에서 보듯이 원시인류가 발생했고 제각각 모든 환경과 생존을 위하여 장구한 시간 동안 거듭 진화해 왔다. 인류도 처음에는 상체가 굽어 있었으나 차츰차츰 두 다리로 서고 직립보행을 하는 방향으로 진화했다는 것으로 과학적 탐구를 거친 보편적 사실로 인식하고 있다.

현존하는 생물체는 식물계, 동물계로 나뉜다. 동물계 내에서 또 인간이 존재하는데, 인간만이 매우 특이하면서도 특별한 기능을 가진 게 사실이다.

인간은 지능이 다른 동물보다 월등히 뛰어나서 매우 다양하게 생산과 창조 활동도 하고, 또 상세한 생각과 마음 작용을 하며, 자기 행동을 매우 상세한 부분까지 조절할 줄 안다.

이러한 인간의 특징을 다른 동물들과 비교한다면 월등히 차이를 보인다. 다른 동물들은 거의 본능에만 목표를 두고 살아감을 볼 수 있다. 인간들은 본능 활동도 기본적으로 하되 마음으로 분별하여 조절할 줄 알고, 여러 가지 사고력으로 창조 활동과 문화적인 활동을 축적하여 가는 특징을 가지고 있다.

이렇듯 다른 생물종과 구분되는 특징에도 불구하고 인간은 이 물질적인 바탕의 세계에 몸을 받아 태어나서 여러 가지 많은 점에서 제약이 많은 상황에서 어려움을 겪고 있다. 이 어려운 환경에서 어떻게 살아야 할지 해결 방안을 고뇌하며 살아가야 하는 숙명을 지니고 있다고 본다.

나는 이제까지 인간이 태어난 세계는 어떠한 세계이고 그러면 이 세계에서 고생을 덜 하며 살아가는 방법은 없을까 하는 의문을 가지고 계속 추구하는 공부를 가진 삶을 살아가고 있다.

필자가 현재까지 세상에 나와서 알려준 상황을 가장 이치에 와 닿게 전해준 내용을 한번 여기에서 밝혀보겠다.

첫째로 보이고 만져지는 형상화된 물질의 세계이다.

둘째로 형상화하지 않은 요소로 되어 있는 기의 세계이다.

우선 물질세계를 관찰해 보면 물질은 인간의 오감의 능력으로 쉽게 인지할 수 있다. 물론 관찰하고 연구하는 전문가들의 노력과 공헌으로 점점 더 많은 물질을 발견해 내고 관찰할 수 있는 도구의 발명으로 물질의 구성을 더 많이 알아가고 있다.

물질(物質)은 우리 인간의 보편적인 능력인 오감 즉 시각(視覺), 청각(聽覺), 미각(味覺), 후각(嗅覺), 촉각(觸覺)으로 인지할 수 있다.

우선 시각(視覺)으로 현미경이나 망원경을 통해서라도 눈으로 보이는 것이 있다.

청각(聽覺)으로 공기를 통해 전파된 소리나 음파를 감지할 수 있다.

미각(味覺)으로는 혀를 통하여 그 맛을 알 수 있다.

후각(嗅覺)을 통해 공기를 타고 이동한 냄새를 코로부터 맡을 수 있다.

촉각(觸覺)으로 만지고 접촉한 대상물을 관찰하고 알 수 있다.

통틀어서 말하자면 우선 우주의 기운인 형상화 되지 않은 천기(天氣), 형상화된 지기(地氣), 비물질 인기(人氣)를 들 수 있는데, 이렇게 지칭하는 대상은 우주 만물의 기본 메커니즘을 있게 하는 근본일 거다.

물질세계의 것을 예로 들자면 전류와 같은 존재라고 이해하면 적절하다고 본다.

세상에 존재하고 있는 기(氣)를 이렇게 정의하여 놓고 그리고 또 하나인 비물질의 예를 든다면 영혼, 정신, 의식, 지식, 사상, 이념, 가치, 마음, 생각, 관습, 문화 등을 들 수 있다. 기를 일컫는 생활 용어 중에 쓰고 있는 말의 예를 들어보면 ▲ 그 사람 기운이 좋다 ▲ 기를 받는다 ▲ 기분이 좋다 ▲ 용기를 내어라 ▲ 예감이 좋다 ▲ 어째 기분이 찜찜한데 ▲ 복권 당첨되는 꿈을 꾸었다 등의 예에서 찾아볼 수 있다.

이러한 기의 구성 하나하나에 대하여 설명하자면 또 전문적으로 세밀하게 구분해야 한다. 하지만 이제까지 인류들이 이 세상에 내놓고 공유하고 있는 사실이 많다.

우리 인간의 행동과 표출되는 행위는 인간 내면의 비물질적인 정신, 의식, 마음, 생각, 지식, 사상, 이념, 가치, 이러한 종합산물에 의해 개체의 입장이 정리되고 의사결정이 되면 그다음 단계로 육체가 움직인다. 뇌를 통해 사지의 육체가 움직여 어떠한 의도한 바를 진행시켜 나간다.

여기에서 우리가 알 수 있듯이 무형의 기운은 물질을 움직이는 작용을 한다. 즉 물질의 변화와 움직임이 있다는 것은 무형의 에너지가 존재하며 그 역할을 하고 있다는 것을 반증하는 표식이라고 볼 수 있다.

움직이는 데는 유형의 물질적인 에너지도 소요되지만 무형의 기운도 동반된다는 것을 알 수 있다.

여기서 인기(人氣)가 의지로 작동하면 그에 동반하여 지기(地氣)와 천기(天氣)가 연동된다고 볼 수 있다.

인기(人氣)는 그 원리 안에서 주체적으로 작동한다.

인간 개체가 어떠한 행동을 할 때 외부 상황 조건이나 내부의 필요에 의하여 정보를 수집하여 인체가 그 대상을 인지한다. 대상에 관해 생각을 일으키고 종합하여 어떻게 하고자 의향이 결정되면 내외부로 작용하는 행동을 하는데 그 행동이 주위로 퍼져 나가 주위 환경에 영향을 주어 어떠한 변화를 일으키는 현상을 주게 된다.

그 변동을 가져오게 하는 행위를 할 때 그 강도는 어떠한 사람이나 상황에 따라 달라지는 현상을 우리는 볼 수 있다. 그 사람이 상황에 따라 달라지는 결과는 무엇 때문일까?

즉 인간 개체가 주체적으로 행동하는 데 따라서 주위 환경이 변하며 그 변화되는 강도는 개인마다 차이가 난다. 왜일까?

그것은 보이지 않는 비물질적인 당위성, 원동력, 영향력 등의 요인에 의해 실행 가능성에서 차이가 난다고 관찰할 수 있다. 세밀히 보면 당위성은 어떤 상황을 진행하는 것에 누구나 공감하고 그렇게 되어야만 한다고 공동으로 합의되는 경우 그 추진력이 극도로 상승해 그 방향으로 가는 것을 말한다. 이것은 인기(人氣)들이 힘을 모아 그렇게 정방향으로 나아가는 것이다.

그러면 그 상황 외에 어떤 사람이 하느냐에 따라 또 다르게 진행된다. 이러한 상황을 볼 때 사람마다 그 영향력이 똑같은 것은 아니고 다르게 나타난다. 이를 칭하여 사람마다의 각자의 질량이 다르다고 할 수 있을 것이다.

상황의 당위성과 개인의 영향력이 합쳐져서 원동력의 크기에 차등이 있다고 표현을 해 본다. 여기서 결국 무형의 기운이 물질을 움직인다는 상황을 설명하고자 한다.

그러면 자연계에서는 무엇이 당위성일까?

나는 그것을 내 몸의 상태로 경험하였다.

결론적으로 자연계에서 당위성은 나의 개체는 독립적으로 놓여 있는 별개의 혼자가 아니라는 사실로 귀결되게 되었다.

그러므로 나, 너로 표현되어 개별로 느끼고 살아가지만, "우리"라고 표현되는 전체 속에 포함된 나, 너라는 사실을 인정하지 않고 잊어버리고 간과하면 어려움이 발생한다는 것이다.

공활한 천기는 대자연 에너지로서 우주의 모든 만물을 운행하는데 근본이 되어 질서와 체계에 바른 원리원칙이 적용되도록 관장하고 있다고 이해하고 있다.

모든 자연의 운용은
기(氣)가 바탕 요소

앞에서도 언급했듯이 이 우주를 포함한 전체 즉 대자연에는 천기(天氣), 지기(地氣), 인기(人氣)가 존재하고 그 존재를 감각으로 느꼈고 체험하였다.

운용적으로 보면 천기와 지기는 대원칙적으로 운용되고 있는데 그 중 인기의 작용이 그 환경을 변화시킨다.

그런데 이 기운 에너지는 그 종류가 다양하고 그 상호작용도 매우 변화무쌍하게 작용하고 있다고 보면 되겠다. 비유하면 우리가 물질의 현상 세상에서 전기 에너지가 동력이듯 보이는 세계이든 보이지 않는 세계이든 기운 즉 에너지가 기본적으로 작동하고 있다고 보면 되겠다.

우리 인류가 역사적으로 기운에 대한 지식을 축적하여 놓은 현재 상황에서 알 수 있는 것이 기운 에너지의 음양오행설이다.

즉 구분해 보면 음기와 양기이고 오행 기운인 목, 화, 토, 금, 수

삶의 원리를 돌아보다

의 기운을 들 수 있다.

여기서는 그것을 다시 논하려는 것은 아니며 그 존재 자체를 말하고자 하는 것이다.

기운 에너지는 자연적으로 존재하면서도 개인이 향유한 내면의 의식과 그 의식이 조정하여 표출되는 행동과 연동하면서 다르게 변화하여 작용한다.

우선 기운 에너지의 상태를 살펴보면 맑은 기운과 탁한 기운을 들 수 있다. 우리가 보이는 물의 상태에서 보듯이 기운이 순수한 상태가 맑은 기운이라 말할 수 있으며 맑은 기운 상태에서는 그 결과로 삶에서 어려움이 나타나지 않는다는 것이다. 즉 일상에서 발생하는 크고 작은 사건 사고, 환경적인 고난, 생활의 어려움을 발생시키지 않는다는 의미다.

반면에 탁한 기운이란 말 그대로 순수하지 못한 맑지 않은 상태로 오염된 기운을 말한다.

그러면 왜 기운 에너지가 탁해지는 것인지 그 원인을 한번 살펴보자.

개체 간 마찰하면 그 기운이 서로 탁해진다. 우리가 현재 세상사에서도 바로 알 수 있듯이 개인 간이나 단체 간이나 국가 간이나 서로 적대시하는 경우를 흔히 볼 수 있다.

사람들은 각자가 다른 개체라 인식하면서 살아가고 있다.

다른 개체로 인식하기 때문에 한 우리에서 같이 생존하면서도 과다하게 경쟁하고 나 이외의 개체에게 손해를 입히기도 한다. 그러고도 나의 입장만을 고수하고, 오로지 나란 개체의 입장에서 이익되는 것을 추구하고 획득한다. 그것이 잘 사는 것인 줄 안다.

그렇다면 나 이외의 개체는 불이익만 당하고 가만히 있겠는가? 알게 모르게 나에게 반감을 형성하고 본인의 입장과 이익만을 추구하고 그렇게 살아간다.

그러다 보면 보이지 않는 기운들이 마찰하고 탁해져 간다. 이 탁한 기운들은 어느 정도 질량이 모이면 즉 어느 임계점에 다다르면 물질적인 충격으로 나타나는데 우리는 그 현상을 사고라고 한다.

국가 간에는 처음에는 서로 의견이 맞지 않아 대립이 일어난다. 그다음에는 몇 번 시정을 요구하지만, 서로가 그 뜻을 상대에게 강요하고 그것이 계속되면 갈등하고 갈등하다가 힘으로써 상대를 제압하려고 든다.

그러면 상대도 어느 정도 힘이 있다면 무력적으로 대립이 되고 전쟁으로 발발이 된다.

이렇게 무력이라 하지만 그 이면에는 서로 간의 기운 경쟁이 경합하는 것이다. 두 세력의 기운이 충돌 폭발하면 현상적으로는 공격과 무기로 폭발과 파괴가 일어나며 상호 간 적대시하는 매우 극단적인 상태로 치달아 해결이 매우 어려운 상태로 된다.

삶의 원리를 돌아보다

이러한 기운들은 인간들이 가장 중요하게 생각하는 건강 상태에도 작용한다. 비유하자면 전기용품에 전류가 흐르는 것과 같이 모든 우주와 대자연에는 기가 바탕되어 작용하는 것이다.

보이는 물질이나 보이지 않는 비물질 기운이나 이 기의 상태가 맑으냐와 탁하느냐의 정도, 잘 흐르냐 막히느냐의 상태 또 기운의 종류와 배분 정도에 따라 물질과 자연의 환경은 달리 운영된다.

몸, 마음이 불편하다는 것은
바르게 살지 못했음을 체험하다

이 자연계 모든 세상에서 건강이나 환경적인 어려움이 있다는 것은 자연계에서 무언가 자연 원리의 질서에 합당하지 않았다는 것을 표시하는 현상이다.

그 한 예로 필자도 2020년 5월경 어느 순간 눈에서 이상한 물체가 보이는 증상이 생겨 안과에 가서 비문증이란 진단을 받았다. 그와 동시에 당황하면서 며칠 후부터 위장이 더부룩하고 소화가 되지 않아 음식물도 제대로 섭취하지 못하는 증상으로 어려움을 겪게 되었다.

결국 병원을 찾아 내과에서 위내시경 검사와 대장내시경 검사를 받았다. 신체 현상적으로 보기에는 아마도 무슨 큰 질병이 있을 것이라는 생각도 해 보았다.

검사를 마치고 우선 위장에서 소화가 되지 않는다고 하자 소화제 20일분의 처방전을 받고 약국에서 처방된 약을 구입했다. 집으로 와서 조금의 식사량이지만 식후에는 소화제를 먹고 집 안에서

　　　　　　　　　　　　　　　　삶의 원리를 돌아보다

지냈다.

　며칠 지나니 어떠한 생활의 의욕도 없고 집 안에서만 멍하니 TV만 보며 무료하게 지냈다. 속으로는 별별 생각을 다 하고 지우고 하며 반복되는 무의미한 생활이 지속되었다.

　일주일 후 검사 결과를 확인하러 다시 병원에 갔다. 위장내시경 검사 영상 사진 몇 컷을 보여주며 정작 위장과 대장에는 아무 이상이 없다고 의사 선생님이 설명해 주었다.

　내시경 검사까지 받을 정도로 위장 기능 장애가 생겼으면 뭐라도 결과가 있어야 한다고 예상했는데 이상이 없다는 게 더 이상했다.

　병원에서 진료 결과 특별한 이상증세가 없다고 하는데도 몸은 계속 음식을 잘 받아들이지 못했다. 헛배만 부르니 의욕도 없고 만사가 귀찮아 외출도 하기 싫고 하여 집 안에만 틀어박혀 지냈다.

　계속하여 기운도 없고 암울하고 몸 상태가 좋지 않게 변해버리니 그렇게 몸과 마음고생으로 3개월여를 버티다시피 지냈다. 그동안 나 자신을 관찰해 보니 참 인간 몰골이 형편없이 말이 아니었다. 얼굴은 핼쑥해지고 검은 점들이 박히고 몸무게도 평소 72kg였는데 65kg로 푹 줄어들어 입는 옷들도 헐렁하고 모든 게 정상이 아니었다.

아파트에서 엘리베이터를 탈 때도 같이 타고 있는 저 사람들은 저렇게 생생하게 기운차게 생활하고 있는데 나는 이 몸에 남아 있는 에너지를 다 쓰면 그대로 눕게 되고 일어나지 못하는 상태가 되어 저기 요양병원이라도 가는 꼴이 될 것을 상상했다. 음식을 못 먹으니 어떠한 에너지도 내 몸 자체에서 생성되지 못하는 상태라고 스스로 그렇게 생각하면서 하루하루를 절망감으로 보냈다.

그렇게 생각하던 중 그동안 알고 지내던 지인들로부터 안부 전화가 오는 것이었다. 요즘 어떻게 지내느냐, 소식이 뜸하다, 밥이라도 한번 먹자는 둥 그래도 안부를 묻는 연락이 왔다. 현재 상태를 자세히 설명할 수도 없어 컨디션이 좋지 않으니 호전되면 연락하겠다고 답하면서 더 이상 연락하지 않기로 했다.

이러던 중 다시 가만히 드는 생각이 있었다.
나를 제외한 지인들과 모든 사람은 저렇게 정상적으로 생활하고 있는데 나는 왜 이 모양이 되어 가는가 하며 내게 심하게 물음을 하였다.

그런 나 자신을 보고 있자니 너무도 황당하고 새삼 다시 돌아보기 시작하였다. 왜 이렇게 되었을까? 의문에 의문을 가지게 되었다.
퇴직해서 만 2년이 지나가고 뭐 별다른 우환이 없어야 하는데, 왜 이렇게 몰골이 우습게 되어가는 걸까?

삶의 원리를 돌아보다

이제까지 삶에서 어려움은 원리 공부랄까 그런 분야의 공부를 15여 년간 해 왔는데 무슨 이유일까? 이 자연에서 나란 인간의 삶에서 무엇이 잘못되었을까? 이러한 삶의 어려움에 대한 근본적인 의문이 들었고, 그 답을 찾고자 노력해 보기로 하였다.

왜냐면 인체 의학상 문제는 진단되지 않았으므로 알지 못하는 무언가가 있는 게 분명하다고 생각되었다.

그래서 어느 날부터인가 '무조건 몸을 움직여 보자'라고 마음을 먹고 근처에 있는 330m 높이 산부터 오르기 시작하였다. 신체 근력이 많이 떨어진 상태이다 보니 산을 오르는 데 힘이 많이 들었다.

산을 한번 오를 때면 과연 이 산을 두 번 다시 오를 수 있을까 하는 연약함과 절망이 오기도 하였다.

특이한 현상은 몸쪽에는 그리 땀이 나지 않은데 목 위쪽 머리부에 많은 땀이 흘러 모자가 테두리부터 흠뻑 젖어 모자를 벗고 잠시 쉴 때면 머리카락 끝으로 땀이 뚝뚝 떨어지는 것이었다.

하루에 한 번 등산을 하고 50층 이상 고층인 아파트 1층부터 맨 위층까지 계단으로 내려가서 계단으로 올라오는 운동에 도전하였다.

평상시 같으면 생각지도 않을 그 높이의 아파트 계단을 오르내리는 것을 아주 죽기 아니면 살기로 하는 각오로 실행을 하였다.

그 높이의 계단을 단번에 오르기는 무척 힘들었다. 그래서 중간에 한두 번 쉬었다가 올랐다. 중간에도 땀이 무척 나지만 다 올라와서도 땀이 목 위로만 많이 나는 현상이 있었고 머리부위도 땀이 범벅이었다.

그래도 어떻게든 이 어려움을 해결하기 위해 스스로 노력하는 것이 유일한 위안이었고 뭔가를 하고 있다는 것이 허무하지 않았다.

그러한 패턴의 생활이 한 달여간 지나면서 가만히 또 생각하였다. 이러한 노력에도 여전히 복부 팽만과 위장의 소화력은 되돌아오지 않고 있었다.

다만 약간의 식사와 식사 후 병원에서 처방해 준 소화제를 먹을 뿐 그러한 증상은 정상으로 회복되지 않았다. 그래서 다시 곰곰이 생각하였다. 이러한 현상이 차도가 없이 계속되고 일상생활이 그 전처럼 되돌아오지 않음에 절망감이 들기도 하였다.

암담한 일상생활을 하던 중 계속 공부해 온 인간 삶에 대한 내용의 강의를 다시 듣기로 마음을 먹었다. 어떻게든 노력하기 위해 우선 내가 할 수 있는 공부를 하기로 한 것이다. 내용은 공인에 대한 것이었다. 공인의 삶이란 한마디로 말하면 세상에서 득이 되는 생각과 행동으로 나아가는 삶을 뜻하는 방향이다.

이 내용을 그냥 침대에서 앉아 이어폰을 끼고 3일 정도를 들었다.

그리고 며칠 후, 인간의 삶에 대해서 몇 년째 공부하면서도 공

62 •

삶의 원리를 돌아보다

인이란 용어만 들어보고 공인의 삶에 대해 깊이 생각하지 않은 채 공부한다고 했을 뿐이라는 생각에 이르렀다.

오로지 나만을 위해 살면서 공부라고 하고 있지 않았는가. 강의를 다시 들으니 내 주변과 이웃, 사회를 생각하면서 조금씩 마음에 와닿기 시작했다. 내 생각이 바른 방향으로 변화를 가져왔다고 본다.

그러던 중 어느 날 새벽에 아내가 집 앞에 있는 산에 걸으러 가자고 하였다. 사실 힘이 빠져 선뜻 간다는 대답이 나오질 않았다.

그러나 마지막으로 가는 산이라고 생각하며 온 힘을 다해서 올라갔다. 목 부위 위로 땀이 나고, 이마에는 비 올 때 초가집 처마 끝에 빗물이 떨어지듯이 땀이 뚝뚝 떨어지는 것이었다. 그래도 이를 악물고 한 걸음 한 걸음 산 정상을 향해 올라갔다.

정상에 올라서 보니 저기 앞바다가 넓게 보였고 시내가 다 보였다. 사방으로 보이는 풍광 장면을 눈으로 훑고 다시 나 자신을 들여다보며 왜 이렇게도 힘이 빠져서 이번이 마지막 산행이라고 해야 할지 상념에 잠겨 있을 때였다.

갑자기 배가 고프다는 느낌이 있었다. 아니 이게 무슨 느낌인가? 이 몇 달 동안 소화가 되지 않아 먹지 않아도 배가 고프다는 느낌은 전혀 없었는데, 이때 배가 고프다는 느낌을 받는다는 것은 인체 운영상 참으로 반가운 느낌이 아닐 수 없었다. 이거 뭔가 내 몸에서 긍정적인 신호가 온 것이 틀림없었다.

밥 먹을 시간이 되어도 배가 빵빵하기만 하고 밥 먹기가 걱정되는 날이 이어지는 중에 배가 고프다는 느낌이 오니 뜻밖이었다. 그때가 아침 7시 정도였는데, 매우 반가운 기분으로 아내에게 말했다. 내가 배가 고픈 느낌을 받았으니 어서 내려가서 아침을 먹어봐야겠다고 말이다.

부랴부랴 집에 돌아와서 냉장고를 뒤져보니 삼겹살이 있었다. 아침인데도 불구하고 삼겹살 구운 것이 먹고 싶었고 즉시 구워서 쌈과 함께 먹어보았다. 사실 3개월 전부터 이렇게 음식을 먹고 싶다는 생각은 없었는데 거의 기적에 가까운 당장의 긍정적인 현상이었다. 그래도 조심스러워 밥과 구운 삼겹살을 꼭꼭 씹어서 먹고, 또한 크게 과식하지 않으려고 많이 먹지는 않았다. 먹고 나서 소화 상태가 어떤지 가만히 관찰을 하였다.

그런데 그전까지 소화가 되지 않던 위장 부위가 팽팽하고 헛배가 부른 듯했던 현상은 사라지고 배 속이 편안한 상태였다.

아, 이 얼마나 신기한 현상인가! 사실 정상적으로 돌아온 상태인지라 내 마음속은 크게 안도하고 감사하는 상태가 되었다.

아침 식사 1~2시간이 지난 후 다시 점심 식사 생각이 났다. 지금 이렇게 소화를 시키고 다른 문제가 없다면 전부터 내게 안부를 물었던 지인과 함께 점심 식사로 외식을 한번 해봐야겠다는 생각이 문득 들었다.

그래서 점심시간 가까이 되어서 그분에게 전화하니 반갑게 받았

삶의 원리를 돌아보다

다. 황급히 점심 약속이 없으면 나와 같이 식사하자고 제안했더니 아주 다행으로 약속이 없어 나올 수 있다고 했다. 그 지인의 집 인근에 소고기국밥으로 유명한 음식점이 있어 그곳에서 12시 30분경 만나자고 제안하고 그쪽으로 갔다.

식당에 들어서니 이미 자리를 잡고 있었다. 참으로 반갑게 인사를 건네고 그동안 왜 그렇게 보이지 않았느냐고 물었다. 그래서 사실은 어느 날 갑자기 소화 기능도 원활하지 않았고 힘없이 집 안에만 틀어박혀 있었다고 자초지종을 설명했다.

오늘 아침에는 간만에 식욕이 생겨 집에서 삼겹살을 구워 먹었으며, 그전에 제대로 응대하지 못한 미안함에 점심이나 같이하기 위해 전화했는데 나와 주니 대단히 반가웠다고 말하며 소고기국밥과 소고기 석쇠 한 판을 주문하였다.

음식이 상에 차려지고 하니 아주 그전처럼 넙죽 국밥을 떠먹고 석쇠 구이도 상추로 쌈을 싸서 꿀꺽꿀꺽 잘 넘어가니 맛있게 먹었다.

가만히 생각하니 오늘 아침에도 배가 고파서 먹었고, 먹고 나서도 부담 없이 잘 소화되었고, 점심때도 이렇게 잘 넘어가니 참 신기하기도 하였다.

왜 이런 현상으로 되었는지 여기에서 돌아봐야만 했다.

요 며칠 사이에 어떤 변화가 있었던가? 특별히 이전과는 다른 의료적인 처방을 받거나 약재도 투약하지 않았다.

내 몸이 뭔가 순환하지 않아 위장이 팽팽하여 소화 기능이 원활하지 않았는지 곰곰이 생각한 연후 우리가 접할 수 있는 공부 중에 내 뇌리를 스쳐가는 것이 있었다. 그것은 다름이 아닌 이 세상의 법칙인 혼자가 아닌 '우리'이고 이 뜻과 연결된 모여서 살아가는 '사회' 공부였다. 그리하여 내 몸에서 기혈이 순환하면서 기능이 정상적으로 회복하는 상태가 되는 것으로 유추하고 그런 확신이 들었다.

삶의 원리를 돌아보다

내 몸을 정상화하려면
마음 자세를 바꿔야 한다

며칠 동안 곰곰이 생각하다가 어느 틈으로 생각이 트이게 되었다.

'우리'라는 단어에는 인간 생활이나 이 세상의 법칙이 담겨 있다. 이 우주에 공존하는 인간과 자연이 각자 생존하고 살아가는 듯하지만, 모두가 연계되어 있다는 뜻이다.

즉, 기가 원활하게 순환되지 않아서 장기의 조직이나 표면에는 이상이 없어도 위장이 정상적으로 기능하는 데 무언가 결함이 있었던 것이다.

그러고는 이 기를 움직이는 연결고리는 무엇인지 또 고뇌하였다. 이 세상은 나만 독립적으로 홀로 존재하고 살아가는 것이 아니라, 모두 다 서로가 서로에게 영향을 주고받는 관계이기 때문에 나 역시 끊임없이 주변 인연과 자연과 영향을 주고받는 관계라는 것을 알아야 했다.

자연은 그것을 알아차리라고 이런 몸이 원활하지 않은 현상을 가져오도록 설계되고 운용되는 것으로 생각이 모아졌다.

즉 이치적으로 풀어본다면 사람의 몸도 우주의 기가 물질로 변하여 몸이란 형체로 나타났고 이 몸을 운용하는 이치도 자연에서 기의 흐름과 운용의 한 부분이다. 우리 인간도 그것을 알고 자연의 원리에 맞게 사고하고 행동하면 그냥 살아가는 것보다 어려움이 덜하게 될 것이다.

몸의 어려움이란 이러한 기의 흐름이 막히고 맑지 못하여 육체의 물질 운용도 막히고 기능이 원활하지 못하게 되는 원리로 진행된다고 유추하였다.

그래서 자연의 운용 이치는 개체로서는 하나이지만 전체로서는 공존공영으로 운용되기 때문에 서로를 위한다는 사고는 절대적인 운용 이치인 것이다.

처음 시작할 때와 그 당시까지 나만을 위한 공부를 했던 것 같다. 공부를 지속하면서 자연의 발생과 변화의 진실에 대해서 알려고 노력도 하고 알아갔다고 생각했다. 그러나 10년 이상 공부했음에도 오로지 그 부분에 집중했기에 더 이상 나의 사고가 발전하지 못하고 기운도 정체하니 전체 순환에 장애가 되어 몸이 그렇게 된 것이다. 그렇다면 어떤 단계로 더 나아가야 했을지 하는 의문이 도달했다.

그것은 바로 이제까지 오직 나만을 위해서 내가 어떻게 하는 사

삶의 원리를 돌아보다

적인 입장에서 아주 조금이지만 공적인 사고와 행동의 출발이었다.

내 주변의 인연들에게 오직 나의 기준에서 생각하고 대하는 것이 바로 사적인 생각과 행동이었음을 알았다. 한발 더 나아가면 나만의 입장과 위주에서 조금이라도 벗어난 내 주위와 사회의 입장을 생각하고 그 방향으로 나아가야 하는 것이었다.

이렇게 소화력이 회복된 요인은 바로 나의 마음 자세 바꿈이었다. 그 영향으로 기운이 순환되면서 소화력이 다시 회복되었다. 그러한 현상으로 사람의 마음과 기운의 연관관계 변화를 체험하였다.

자세히 말하자면, 이 자연에는 천지의 기운과 인간의 기운이 항상 존재하고 운영된다. 천기는 모든 것을 아우르는 운영질서의 근원으로, 삼라만상에 묻어 있어 우리 인간이 질서에 맞게 살아가는 방식을 따라야 덜 고생한다는 사실을 보여준다.

그래서 공적인 사유를 해야 하는 당위성을 알아차리고 행동하고자 했기에 내 몸의 기운도 돌아가고, 기운이 돌아감에 기능이 원활하지 못했던 위장 장애도 어느 순간 풀려서 기능하게 됨을 체득하게 되었던 것이다. 작은 어느 한 부분이지만 모든 일체에 적용되는 원리이다.

다른 부문에 적용하여 보면, 공적이란 우리 하나하나는 개체로 존재하지만 우주 자연 전체로 보면 하나임을 뜻한다. 우리 몸의 표상도 보면 손가락 한 개 한 개, 발가락 한 개 한 개, 또 왼손과 오른손 왼발과 오른발, 눈과 코 등 각자의 입장에서 보자면 개체라고 보지만 그것이 결코 개체가 아닌 내 몸 전체의 일부분임을 우리는 확연히 알 수 있다.

그럼에도 우리는 개개인으로서 전체의 조화로운 입장으로 살아가지 못하고 있다. 공적인 차원으로 운용되는 우주에서 개인의 차원으로 살아가면 더 이상 발전하지 못하고 기운이 역행해 엉키면서 자연의 한 부분인 몸도 어려워진다는 것이 자명한 운영 원리이다.

모든 기운은 서서히 변하고 어느 단계나 시점에서는 임계점에 다다른다. 어느 일정한 임계점에 다다르면 변화하는 게 또한 자연의 법칙이다. 예를 들면 수증기가 모여서 처음에는 작은 구름으로 시작하여 서서히 많아지고 커지면 결국 빗방울이 되어 지면으로 떨어져 빗물이 되듯이 말이다.

그리 많지 않은 나이에도 병환이 발생한다면 분명 자연의 원리를 모르고 역리로 살아왔다는 점을 상기해 보아야 한다.

탁해지면서 폭발해 물질화된 천기는 우주에 가득히 존재하며 인간의 생활과 유기적으로 연결되어 있다.

인의 기운도 원래에는 하나였으나 천지 기운이 폭발하면서 일부가 물질화될 때 일부분이 떨어져 나와 현재 이 어려운 물질의 세계에서 존재하며 여기에서 살아가야만 되는 운명이 되었다.

　　　　　　　　　　　　　　　　삶의 원리를 돌아보다

이러한 이유에서 보면 알듯이 기운은 맑으면 아주 긍정적이며 어떤 연유로 기운이 탁해지면 그것은 나락으로 떨어지는 꼴이 된다.

기운이 탁해지는 원인은 무엇일까? 현실 세계만 봐도 너무나 자명하다. 서로 간의 의견을 모으지 못하고 갈등과 배척, 나아가서는 싸움으로 갈 때 어떻게 되던가?
손실과 파괴와 죽음이 되는 것은 너무나도 자명하다. 이러한 현실을 직시하면서 나는 알았다. 그리고 다짐한다.

그리고 기운이 탁하고 맑음에 따라 인간의 생활이 무난하냐? 어려움에 부닥치느냐? 기로에 선다. 맑아지는 쪽에 서 있는 게 우리 인간들의 사고나 태도나 행동이 얼마나 공적이냐에 있는 게 또 하나의 척도이다.
왜냐면 자연은, 천기는 지극히 공적이기 때문이다. 전체 안에 하나가 있고, 하나 안에도 전체가 있는 상황임을 우리는 보이는 현상인 인간의 몸을 통해 가늠할 수 있다.

우리 몸을 예로 들자면, 뇌에서 어느 손가락이 앞쪽으로 가자고 명령하면 전체가 그쪽으로 움직이는데 만일 우리 몸의 어느 한 부문이 나는 아니다 라고 외치며 독단적으로 다른 방향으로 가고자 함은 아주 지극히 개체적인 생각이다.
생각함과 마음먹음과 행동함에 있어 전체 안에서 개체라고 간주하여 전체와 반대되는 방향으로 가고자 한다면 초기에는 갈등을 가져오고, 그다음 계속될 시에는 불협화와 마찰을 가져온다. 그런 현상이 계속되면, 어느 한순간 부딪힘으로 나아가면 상호 손상을 입는 결과를 낳게 된다.

자연에는 이러한 원리가 작동됨을 우리는 분명히 자각하고 살아가야 할 것이다.

왜냐면 우리 인간은 그렇게 해야만 더 큰 어려움에 직면하지 않고 살아갈 수 있기 때문이다. 이 세상 어느 누구도 어렵게 고충 많게 살아가기를 원하지 않기 때문이다.

인간이 육체적으로 보이는 물질적으로 어려움이 진행되는 과정이 이러할 진데 보이지 않는 비물질적인 자연의 기운도 이렇게 작동된다는 것을 명확히 알아야 할 것이다.

우리가 상대와의 관계에서 말싸움을 하거나 의견충돌이 있어 감정까지 상한다는 것은 우리의 본바탕인 인기 영혼 기운을 탁하게 하는 것이다. 부정적인 감정적인 탁한 기운을 발생시키면 주위에 있는 자연의 기운도 탁해지는 과정을 만든다.

파괴되는 탁한 기운을 자연에 계속 퍼뜨리면 자연도 파괴되지만, 인간도 그 안의 공간에 존재하기 때문에 그런 기운에 휩쓸려 인간의 존재에도 파괴되는 현상을 겪게 되는 원리이다.

우리가 근래에 시험을 해보지 않았던가!
같은 조건으로 두 개의 식물을 재배하면서 긍정적인 말을 준 곳은 잎이 잘 자라고 부정적인 말을 퍼부은 곳은 잎도 잘 못 자라고 고사하는 실험을 우리는 똑똑히 보았다.

이렇게 만물과 그 속에서 살아가는 인간이 천지 기운과 인기를 근간으로 존재하고 변화하고 하는 가운데 어떤 현상이 발생하고 극복하려 노력하고 하는 것이 바로 삶이다.

동물과 식물은 2차원적인 존재로서 독자적인 판단과 분별이 없이 본능적으로 존재하고 살아가지만, 인간은 동·식물과 구별되는 점은 자체적으로 분별하고 자유 의지가 존재한다고 보면 된다.

그러나 그 자유 의지가 무한하거나 아무 제지를 받지 않고 쓸 수 있는 것이 아니도록 자연의 법칙은 제정되었다. 자유 의지가 있기에 거기에 반대 급부되는 제한이 주어져 있다. 여기까지는 우리가 어느 정도 이해할 수 있는데 우리가 쉽게 간과하고 살아가고 있고 그로 말미암아 어려운 경우에 맞닥뜨리는 예를 많이 볼 수 있다.

거듭 말하지만 이 자연에는 천기, 지기, 인기가 있는데 천기와 지기는 큰 테두리로서 인기를 포함한 자연을 운용하는 근본으로 자리 잡고 근간을 이루고 그 운용 과정에 따라 결과를 나타내어 표지를 해주고 있다.

그것을 우리 인간들은 영감이 있고 지적인 부분을 흡수할 수 있는 두뇌가 있으니 그것을 파악하고 분석하고 올바른 운행법을 찾아내어 공유하고 실천해 나가야 한다는 것을 매우 힘주어 말하고 싶은 것이다.

　그래서 천지의 자연 기운의 운행 법칙은 마찰하면 열이 나고 열
이 나면 임계점에 다다르면 폭발하는 법칙을 보여준다.
　이러한 사실과 현실은 어느 누구도 부인할 수 없지 않은가.

　마찰하기 전 의사소통이 되지 않으면 먼저 순환이 안 된다. 순
환이 되지 않으면 뭉치고 뭉침이 커지면 단단해지고 단단해지면
그 전체에서 있어서는 부정적인 영향을 가져오는 존재로만 남게
되어 전체를 망치는 요인이 되기도 한다.

• 05 •

대자연 근본
에너지에 대하여

천기 에너지는 정(正), 공(公, 空)의 성정

공(公)이란 개체이면서도 전체라는 성격을 말하는 것이다.

인간도 만물도 대자연의 질서 안에서 작동하는 원리다.

이 원리를 알려고 행하려고 노력하며 살아야 대자연의 질서 원리에 부합하는 인간 생활이 되기에 큰 어려움을 덜하며 살아갈 수 있다고 본다.

사람이 태어나면 육체적인 생존과 성장을 위해 우선 먹고, 마시고, 모으고, 저장하는 패턴으로 본능적으로 살아가게 된다. 갓 태어난 아기를 보면 아무 생각 없이 배가 고프면 울어 재껴 먹을 것을 달라고 본능적으로 요구하는 행위를 취할 뿐 다른 것은 없다. 이러한 일련의 행위들은 공적인 만물 안의 사(私)적인 행위들이라고 보면 된다. 개체적인 위치에서 개체의 생존과 관련된 본능적인 행위이다.

이 시기에는 움직이고 놀다가 배고프면 먹을 것을 달라고 칭얼대는 모습으로 표현하고, 먹고는 움직여 놀다가 얼마 동안 잠을

삶의 원리를 돌아보다

자고, 그 어느 시점에는 깨서 놀다가 몸 안에 있는 노폐물을 배설하고, 배설하면 부모님이 씻겨주고, 다시 얼마간은 그러한 행위의 시간을 이어 나간다.

어린 시절은 이렇게 해서 육체 위주로 성장해 나가는 시간으로 채워진다.

이 시절에는 육체적으로 커가는 시간을 보내게 된다. 이때의 경험을 돌이켜보면 세세한 사실을 기억하지 못하는 사람이 대부분이다. 어느 시점이 지나면 키도 커졌고 몸무게의 중량도 제법 늘어나 있는 상황을 알 수 있게 된다.

이때는 사회적인 환경이나 여건이 아주 어렵지 않으면 사건이나 사고를 당하지 않고, 자신의 판단과 경험으로 주변 여건의 위험을 피해 아주 잘 성장하게 되어 있다.

천기 에너지의 성정(性情) 중 정(正)기는 자연의 이치 즉 순리에 맞게 돌아가는 기운으로, 사람이 천지 기운의 운행 원리에 바르게 살아가면 정기가 작동한다.

다만 천기 기운의 운행 원리에 맞게 바르게 살아가는 방법을 모르고 살아가기 때문에 어려운 상황이 오게 되는 원리라고 본다.

사(私)기는 정기의 성정이 아닐 때 개체 중심일 때 욕구나 욕심과 욕망 등으로 어떠한 개체 중심으로만 채우기 위하여 치우쳐져 운행할 때 탁해진 기운이라고 이해하면 된다.

결국 욕구를 채우기 위하여 거짓과 속임 술수 정기의 성정이 아닐 때 사기(邪氣)라고도 볼 수 있으며 사전적으로는 '요사(妖邪)스럽고 나쁜 기운. 사람의 몸에 병(病)을 일으키는 여러 가지 외적(外的) 요인(要因)을 통틀어 이르는 말'이라고 했다.

자기 개체 중심이기 때문에 상대가 있어 마찰이 일어나기 때문인 것으로도 볼 수 있다.

· 06 ·

보이는 것으로써
보이지 않는 것을 가르쳐 주라

사람의 형상에서 알아보는 자연 원리

우선 인간은 지구에서 살고 있다. 이 지구에서 보이는 물체는 지구인데 지구로 하여금 인간들에게 알려주고 있는 요소를 찾아보고자 한다.

지구의 표면 중 육지는 30%이고 바다는 70%이다. 이러한 비율은 무엇을 의미하는 것인가?

육지 30% 부분은 전체 대자연 중 땅을 포함한 보이는 물질화된 부문이 30%라는 것을 의미하고 천기를 포함한 물은 그 비율이 70%로써 형상화되지 않은 비물질 부분이 포진되어 있다는 것을 의미하다고 본다.

그다음이 지구에서 가장 많이 존재하고 보이는 것은 풀과 나무 등 식물이다.

풀과 나무의 형태는 뿌리를 땅에 묻고 영양분을 흡수해 잎으로 공급하고 잎에서는 탄소동화 작용을 하여 뿌리의 영양분과 함께 자체 생장에 역동적으로 생존한다.

풀과 나무는 형형색색으로 보이고 그 형태가 나타난다. 이러한 형태는 보이는 가운데 보이지 않는 자연의 기운도 수많은 형형색색만큼이나 여러 종류와 성질로 분포되어 있고 운용되고 있음을 뜻한다.

또 이러한 식물들은 동물과 인간들이 섭취하면서 살아갈 수 있도록 먹거리로 제공되어 인간을 포함한 동물들이 수많은 종류로 분포된 영양분과 기운을 섭취하면서 살아간다.

이러한 현상은 많은 식물과 동물과 인간과 그 근본은 결국 하나로 출발했다는 뜻을 대자연이 알려주는 것이다.

다만 이러한 현상과 사실을 사고할 줄 아는 인간이 아느냐 모르느냐일 뿐이다.

사람의 형체는 머리 부분과 몸통 부분과 팔과 다리로써 구성되어 있다.

머리는 제일 윗부분에 위치하고 몸통과 팔과 다리로 신경 매체가 연결되어 있어 의지대로 움직여지고 지휘하는 기능을 하고 있다.

몸통은 머리부위를 떠받치고, 머리부위 입으로부터 공급된 음식물을 받아서 소화작용을 한 후에 몸 전체가 필요로 하는 에너지원을 생산한다. 이 에너지를 심장에서 혈류를 통하여 몸통은 물론 머리부위와 팔과 다리에 공급하고 있다.

팔과 다리는 머리부위의 명령을 받아 몸 전체가 필요로 하는 동작을 취하며 다리로 걸어서 필요한 장소나 위치로 이동한다.

원시시대에는 오로지 팔과 다리를 통하여 의(衣), 식(食), 주(住)를 해결하는 활동을 하였음을 우리는 짐작할 수 있다.

근대에 오면서는 고도의 뇌 활동 결과로 교통수단을 발명하여 행동반경이 넓어지고 신속하여졌지만 팔과 다리를 조금 더 편안하게 해주는 현재에 와 있다.

◆ 인체는 '모두 하나'임을 알려주고 있다

어쨌든 인체는 머리, 몸통, 팔다리 3부분으로 구성되어 있다. 머리부위는 하늘, 몸통은 땅, 팔과 다리는 뇌의 명령을 받아 움직이는 인간을 의미하는 것으로 볼 수 있다.

이 세계는 하늘과 땅과 사람으로 존재하는 것을 자연은 알려준다.

이렇게 인체가 3부분으로 나뉘어 있기는 하지만 통틀어서 이것은 하나의 전체임을 또한 의미한다.

머리도 하나에 속한 머리 부분이고 몸통도 하나에 속한 몸통이고 팔과 다리도 하나에 속한 팔과 다리이다.

모든 인간에게는 머리뼈 속에 있는 뇌나 모든 혈관과 혈액, 눈과 귀와 코, 입과 귀 등 모두가 있다. 더 상세히 풀어보면 더 깊은 뜻도 있지만 여기서는 형태적인 부분만 나누고자 한다.

또 몸통에는 우선 폐와 심장과 위장과 소장과 대장, 간, 쓸개,

삶의 원리를 돌아보다

비장 등 인체가 생존하는 데 절대적으로 필요한 기능을 하는 장기들이 있다.

팔과 다리에는 굵은 뼈와 근육과 혈관으로 구성되어 적정한 힘을 발휘하여 이동과 필요한 물질을 획득하고 1차 가공의 역할을 한다.

자연은 조화의 기능을 우리 몸의 구조를 통해 보여주고 있다. 몸 중에서도 손의 구조를 보면 손바닥이 있고 손가락 5개가 있다. 그중에서도 4개의 손가락은 일치된 방향이고 엄지는 이 네 손가락과 달리 배치되어 4개 손가락 전체와 영향을 주도록 관련되어 있다.

4개 손가락 마디는 3분절이고 엄지는 2분절되어 어떤 물건을 쥐거나 들거나 다루는 데 모든 손가락이 목적 달성을 위해서 절대 협업하도록 그 구조를 형성하고 있다.

사람의 몸도 자연에서 발생하여 진화해 왔다는 사실에서 착안해 자연의 원리를 곰곰이 생각하고 일상에서 상기해 크게 어긋나지 않도록 살아가는 것이 유리한 길임을 공유하고자 한다.

이렇듯 일부는 전체에 영향을 주고 전체는 일부에 영향을 주는 아주 유기적인 활동을 하면서 살아간다.

늘 보는 내 몸이지만 이렇게 경이롭고 신비한 몸체이지만 우리는 이러한 것을 거의 생각조차 하지 않고 지낸다.

이것은 자연의 산물이고 자연이 또 움직이는 것이다.

우리 인간들이 자연에서 참으로 겸손해져야 하는 이유이기도 하다.

인간의 몸에서 하늘을 향한 머리 부분은 뇌를 담고 있다. 뇌는 매우 정밀하고 정밀하여 현재 의과학으로도 쉽게 접근할 수 없는 경계이다. 외형상으로도 밖에는 머리카락이 나 있고 그 안쪽으로는 매우 단단한 머리뼈로 그 뇌를 보호하고 있다.

기능적인 면으로도 뇌가 총괄하여 전체를 의식적이든 의식적이지 않든 간에 인간 자체의 모든 영역을 관장하고 있다.

머리는 전체 우주에서 하늘을 뜻한다. 우주 전체에서 하늘은 모든 존재의 법칙을 관장하고 있다는 것을 인간 형상의 머리 부문을 통해 알려주는 것이다. 인간의 머리 부문은 그야말로 물질적으로는 혈액만 왔다 갔다 공급될 뿐 그 어떤 불순물도 허용되지 않는 영역이다.

대자연의 하늘도 그야말로 순수하고 이렇다 저렇다 할 게재가 아닌 그러한 순수한 그 자체라고 진단하면 타당한 것으로 사료된다. 또한 머리부위에는 앞면에 얼굴이 포진하고 있다. 이 얼굴에는 7개의 통로가 있다. 눈, 귀, 코의 통로 각 2개로 6개와 입의 통로 1개이다.

그다음 인체의 몸통 부분은 땅의 역할을 한다고 볼 수 있다. 자연의 원리에 비추어 본다면 머리 얼굴 부위로부터 각종 통로 장치

삶의 원리를 돌아보다

가 연결되어 있고 필요한 물질 등이 유입된다. 인체의 생존에 필수 요소인 공기와 물과 음식 등 유·무형의 성분들이 들어오고 나가는 시스템을 가지고 있다.

몸통에서는 형태적으로는 각종 장기들이 배치되어 있다. 그 장기들은 우리가 이미 알고 있듯이 동의보감과 한의학에서 통용되는 오장육부(五臟六腑)가 있고 지구의 생김새도 즉 지구의 땅으로 지칭되듯이 오대양(五大洋) 육대주(六大洲)로 표현하고 있다. 이렇게 인체의 몸통과 땅으로 뜻하는 지구를 딱 표출되어 인간들이 곰곰이 통찰하여 보면 알 수 있도록 설정되어 있다는 것을 알 수 있다.

받아들인 물질로써 영양소를 재생산하여 혈액으로 보내고 혈액은 인체의 각 부문에 그 영양소를 적절히 공급하고 있는 것이다. 즉 땅의 기능을 함축하여 보여주고 있다.

그다음이 팔과 다리 사지(四肢)를 형성하여 인간 자체의 존재를 함축하여 보여준다. 인간은 세상 만물에서 자유 의지를 가지고 움직이고 자체의 이동도 제한적이지만 어느 정도는 자유로 하고 있다.

이동도 하고 있지만 두 팔과 손, 손가락이 있어 인간이 하는 일도 다양하게 많다. 식량을 구하고 집도 짓고 이동도 하고 다양한 인간이 하는 일을 표현하는 상징이다.

여기에서 다시 더 진지하게 살펴보면 인간의 몸을 표현하여 만들어 놓은 게 3등분으로 크게 나누지만 결국에는 하나를 뜻한다는 것이다.

가만히 살펴보자. 인간의 몸으로 우주 대자연은 사고력이 있는 인간에게 과연 어떤 메시지를 전하고자 하는 것일까?

우주의 삼라만상을 몸으로 비유하는 차원도 있지만 가장 중요하게 인간들이 알고 받아들이고 깨쳐야 하는 가장 중요한 포인트는 전체는 "하나"라는 명제이다.

우리 몸이 보이는 부문은 부위로 나누고 기능도 각각 다르지만, 전체가 하나라는 명제를 알기 쉽게 풀어보겠다. 우리 정신인 뇌에서 만일 어느 곳에서 어느 곳으로 이동이 필요하다고 판단되어 신체적인 움직임을 시작할 시 먼저 다리는 제 역할을 하여 가고자하는 쪽으로 움직여야 한다.

예를 들어 어느 한쪽 다리가 나 그쪽으로 가기 싫어하면서 움직이지 않거나 반대쪽으로 움직인다고 가정을 해보자. 물론 정상적으로는 그렇게 하는 행동은 없다는 것이 정상적일 거다. 따라서 그러한 행동을 하는 시도나 사례가 일어나지 않았다는 것이

결국 우리 몸은 하나라는 명제를 여실히 보여주고 다른 이의를 제기할 수 없다는 것을 알려주는 것이라고 본다.

이러한 것을 지금 우리가 살아가는 우리 인간세계로 비추어 한 번 들춰 보자.

모든 사람은 세상이 어지럽고 어렵다고 한다. 전 지구 세계적인

　　　　　　　　　　　　　　삶의 원리를 돌아보다

세상사나 한나라의 세상이나, 사회모임이나, 가정이나 어떠한 세계에서도 다 어지럽고 어렵다. 큰 조직이면 비례하여 어지럽고 풀리기 어려운 숙제가 놓여있다. 그나마 정리를 해주는 것이 자연이다. 인간의 갈등이 심하면 결국 사건 사고가 일어난다. 터지고 나서 그걸 보여주면 뭐 조금이라도 알아차려야 하겠는데 오히려 더 상대를 탓하고 공방하고 쥐어뜯는다.

이쯤하고 다시 자연 현상, 보이는 세계는 보이지 않는 세계를 알려준다. 다만, 인간이 그것을 보지 못하고 알아차리지 못할 뿐, 삼라만상 형태는 모든 걸 보여준다.

예를 들어보면 인체를 삼등분하여 하늘, 땅, 인간으로 표현하였듯이 결국 삼등분의 인체이지만 전체로서는 하나이듯이 하늘과 땅과 사람은 하나라는 것을 말해준다.

우리 인체에서 손가락 발가락이 나뉘어 있다지만, 첫째 번 엄지손가락이 둘째 번 검지손가락을 각각 다른 개체로 인식한다면 근원적으로는 과연 다른 개체일까? 이 물음에 대하여 각각 다른 개체라고 답하고 인식하는 사람은 없을 것이다. 결론적으로 나의 전체라고 볼 때 다른 개체가 아닌 것이다.

또 그 기능에 대하여도 각각의 기능이 있지만 서로 힘을 합쳐 완성되는 동작의 일부분으로서 전체 동작을 하는 역할을 한다는 것이다.

그러면 우리 사회를 하나로 본다면 개개인도 내 개체 상대 개체가 있지만 그 개체마다 특성이 있고 각각의 재주와 기능이 있어 사회 전체로 볼 때, 서로 조화롭고 균형 있게 그 역할을 해나감을 분명히 인식해야 한다. 결국 나와 타인으로 보지 않고 나와 또 다른 나로 보는 것이 올바른 인식이라고 분명히 말하는 것이다.

결국 대자연은 사람의 몸으로 조화를 보여주는데, 개개인은 그러지 못하고 나와 남으로 인식하여 나하고 의견이 다르면 좋지 못한 감정을 가지고 응대한다는 것이다.

삶의 원리를 돌아보다

하나여서 상생하는 각 존재

머리 부문인 뇌에서 어디로 좀 이동하자고 신경을 통하여 몸 전체에 정보를 준다. 그러면 신체 각 부위가 이상이 없는 한 정보의 왜곡이나 보탬이나 약화가 전혀 없는 그 뜻이 그대로 전달되어 실행된다. 이러한 점이 하나이다. 굳이 하나이기 때문이라고 부연하는 게 거추장스러운 사실이다.

즉 내 몸에서 일어나는 의지의 발생과 그 정보전달과 그대로의 실행은 어떻게 보면 참으로 경이로운 현상이지만 그냥 자연스러운 흐름으로 이행되는 것이다.

우리 몸의 체계는 상생하며 운영되는 것임을 분명히 알 수 있다.

이와는 반대로 또 다른 가정을 해보면 뇌에서 매우 맛있는 과일을 먹기 위해서 어느 마트에 가야 하고 그 마트에 도착해서 맛있게 보이는 과일을 사도록 뇌에서 정보를 전달했는데 손이 알아서 판단해서 이 과일 말고 저쪽 과자를 선택해서 집어 오는 일이 발생한다면, 이러한 상태는 과연 하나라고 할 수 있겠는가?

우리 몸의 운영체계는 이러한 상황이 아예 발생하지 않도록 구성되어 있다. 따라서 진정 하나여야 할 때 그 평안과 안정은 절대적으로 유지되는 것이다.

인체에 있어서 또 하나는 각각의 기관이나 장기나 세포들은 각각이 본연의 해야 할 기능을 성실하게 이행할 뿐 다른 기관이나 장기에 이래라저래라 시시비비하지 않는다.

철저히 상생의 원리이다. 그리고 도와주도록 한다.

그 예로 팔과 다리의 일이다. 만일 두 팔과 두 다리가 있는데 어느 한쪽이 불편해서 기능을 못할 경우 매우 불편할 것이다.

이렇게 대자연은 말없이 보여준다. 인간 개체들도 시시비비하지 말고 상생으로 도와만 주라는 것을 보여주고 있다.

우선 제 역할부터 충실히 하면 전체는 전체대로 정상적으로 작동되는 것이다.

삶의 원리를 돌아보다

산과 강과 바다
형상으로 보여주는 가르침

우리 한반도에는 산이 70%이고 평지가 30%이다. 산에는 나무와 풀들이 자라고 각종 작은 곤충들을 비롯하여 동물들이 살아가고 있다. 산은 여러 준령이 있고 그 준령들 사이로 계곡을 이루며 평지로 기세와 물을 내리고 있는 형세이다. 자연의 품 속이다.

땅으로부터 오르는 산의 모양과 형태는 평지에서 그 터를 넓게 자리를 잡고 있다. 그 터를 기초로 하여 완만하게 준령산맥을 여러 개로 하여 정상으로 이어진다.

한반도의 산맥 분포는 우리 국토의 지형 특색을 크게 결정짓는다. 한반도의 산맥 가운데 북에서 남쪽 방향으로 형성된 태백산맥과 낭림산맥이다. 그리고 북동에서 남서쪽으로 비스듬히 형성된 강남산맥·적유령산맥·묘향산맥·언진산맥·멸악산맥·함경산맥·마식령산맥·광주산맥·차령산맥·소백산맥·노령산맥이다.

그들 산맥에는 백두산(2,744m)을 비롯한 여러 고봉들이 솟아 있고 남쪽은 소백산맥에 속하는 지리산(1,915m)과 태백산맥에 속하는 설악산(1,708m)과 태백산(1,567m) 등이고 제주의 한라산(1,950m)은 남한에서 가장 높은 산이다.

그리고 남한에서만 1,000m 이상 고지의 산도 130여 개이고 곳곳마다 봉우리와 준령이 형성되어 있다.

우리 민족이 살고 있는 한반도를 가만히 살펴보면 사람이 이렇게 앉아 있는 형상으로 보인다. 북쪽의 위쪽은 백두머리 부위와 태백산맥의 등 부위를 보이며 팔과 다리처럼 뻗어있고 남서쪽 완만한 평지는 오곡이 가득한 배 부위로 보인다.

산 하나의 모양을 본다면 저위의 고봉이 있기까지 평지에서부터 무수한 작은 흙과 돌들이 모여 넓은 저변을 만들고 그 위로 켜켜이 암반과 또 표면의 흙이 쌓여 산 모양을 만들고 급기야는 그 위로 봉우리의 제일 높은 정상 봉우리가 만들어진 것을 볼 수 있다.

즉 저 위의 맨 봉우리가 단독으로 봉우리가 아니고 저 아래의 저변들이 모여서 봉우리가 있을 수 있다는 것에 서로를 참으로 존중해야 한다는 것을 읽을 수 있다.
자연은 형상으로 참으로 뭔가를 보여주는 것이다.
그리고 이러한 자연환경에서 태어나고 살고 있는 우리는 앞산과 뒷산 저기 들판과 흐르는 물줄기의 흐름 가운데 유·무형의 관계 속에서 살아가고 있다.

삶의 원리를 돌아보다

이제 산을 오르는 행위를 살펴보면,

얼마 전까지만 해도 등산 모임도 많았는데 지금도 등산 모임은 있지만 지방자치단체에서 둘레길을 많이 만들어 놓아 쉽게 산을 올라 크게 힘들이지 않고 산세의 기운을 함께할 수 있다.

그렇지만 적어도 몇백 미터 이상 되는 고지에 오르기 위해서는 그리 간단치 않고 많은 노력이 필요하다는 점은 누구나가 다 공감이 가는 부분이다.

산에 오르는 예를 들어 산과 함께하는 마음에서 풀어본다.

첫째 마음가짐부터 각오를 단단히 해야 한다. 힘이 많이 드는 등산이니까 정상 오를 때까지 긴장을 놓지 않아야 한다.

둘째 소요시간과 코스를 선택하고 적당한 신발과 옷을 입고 또 여벌을 준비하여야 한다.

셋째 마실 물을 준비해야 하고 에너지를 보충할 수 있는 간식이나 음식물을 챙겨야 한다.

넷째는 실제로 산에 오르는 시간이다. 이때는 힘이 매우 든다. 숨이 차고 땀도 흘리고 근육과 온몸이 수고를 하는 시간이다. 적당한 시간과 거리에서 휴식도 해야 하고 수분과 에너지를 보충해야 한다.

다섯째 보편적으로 산은 정상 직전에는 매우 힘이 든다. 밑에서 올라오기까지 체력이 많이 소진되었고 정상 바로 밑에는 경사도가 이때까지와는 다르게 가파르다. 고비를 극복해야 한다.

여섯째 정상에 다다라서는 저 밑 산 아래를 보지만 바람이 거셀

때도 있어 그리 오래 머무르지를 못한다. 땀이 흠뻑 젖어 체온 유지도 해야 하므로 잠시 휴식을 하고 어느 정도 있었으면 내려와야 한다.

일곱째 내려오는 길도 그리 만만치 않다. 오를 때와는 반대로 다리를 앞으로 버티어 급격하게 내려오지 않도록 힘을 주어야 하고 다리에 힘이 빠지거나 미끄러지지 않도록 신경을 바짝 써야 한다.

그리고 등산할 때는 단계가 있다.

초입 단계는 밑에서 서서히 워밍업 하면서 접근하는 단계다.

중간단계는 완만하게 걸으며 서서히 맥을 오르는 단계, 계곡과 계곡 사이를 흐르는 물을 건너서 산등성이로 올라 하나의 준령을 오르는 단계, 준령의 등성이를 오르면서 가파른 깔딱 고갯길도 만나 초보자는 매우 힘든 단계라고 할 수 있다.

마지막 단계로서 정상 고지가 저기인데 하고 쳐다보면 매우 가파른 길이 있는데 그때 정상은 쉽게 내어주지 않는구나 하고, 또 심기일전하여 마지막 힘을 모아 한 걸음 한 걸음 이어져야 그제야 정상에 다다를 수 있는 게 보통의 산행길이다.

정상에 서면 우선 사방이 탁 트여서 어디든지 눈길이 다다를 수 있다. 가까이도 멀리도 보고 아래를 보면 내 품에 안을 수도 있다. 그러니까 내 의식이 커져 저 안에서 조그만 한 일을 가지고 아웅다웅했나 그러니까 내 내면의 포용성이 커지는 성장도 있다는 게 또 이점이다.

또한 사람들이 이용하면서 길이 생겼다. 그 산길은 처음에는 한 두 사람이 산을 가장 효율적으로 오르는데 찾아서 계속 이용하니까 발자국에 의해서 풀이 나지 못해서 어렴풋했다가 선명하게 길이 나게 된 것이다.

이러한 산길도 하나의 코스만 있는 게 아니라, 각 방면에서 여러 개의 정상으로 향하는 길이 생겨났다. 이제 사람들은 어느 방면에서 접근할 것인지 결정만 하면 그 방면으로 나 있는 길을 선택하여 오르기만 하면 된다.

이 또한 알게 모르게 처음의 사람들의 노고가 있었고 계속 그 길을 이용하는 사람들이 있었음에 지금 이용하고 있는 길이 편하게 걸을 수 있는 길로 되어 험한 길을 새롭게 내지 않아도 됨을 감사하게 생각한다. 이렇듯 산행도 인생길과 같다는 생각이다.

또 다른 자연은 물이 있는 강과 바다를 볼 수 있다. 우리가 사는 이 땅에는 산에서 계곡을 흘러나와 작은 물길을 이루고 그 작은 물줄기들이 모여 강줄기가 되고 그 강물은 바다로 다 모이게 되는 형상이다.

한반도에는 낙동강, 금강, 남한강, 북한강, 한강, 압록강, 두만강 등 강물들이 남해와 서해로 주로 흐르고 동해 쪽으로는 지형상 작은 하천들이 모여 흘러 들어가고 있다.

물은 항상 낮은 곳으로 흐르고 또 한데 모이고 장애물이 있으면 돌아서 가고 큰 바다에서는 또 하나가 된다.

성질상으로는 물은 씻어주고 물 자체도 모든 생물에게는 필수 불가결한 요소이지만 다른 영양분을 녹여서 공급해 주는 역할을 한다. 물을 보고 또 배워야 하겠다.

또 바다는 넓고 넓어 모든 것을 포용하는 형상도 있지만 바닷물과 함께 육지의 산들과는 반대로 해저 깊이 심해가 있고 융기된 대륙붕이 있지고 해초와 어류들이 무수히 살고 있지만 육지에 있는 사람들은 보이지 않는다.

이 형상은 이 인간의 현존세계인 보이는 세계와 또 다른 보이지 않는 세계가 존재하고 있음을 나타내는 것이라고 본다.

삶의 원리를 돌아보다

· 07 ·

나는 누구인가

나란 인간은 누구인가

모든 개인은 앞과 뒤를 제쳐두고 어찌 되었든 간에 부모님의 사이에서 이 세상에 태어났다. 그래서 이 세상에 태어나 성장하고 어느 정도 사고력을 가지고 나서 곰곰이 생각을 해본다.

가만히 살펴보니, 이 물질의 세계는 근본적으로 대단히 어려운 환경조건임을 알았다.

우선 물질은 형체가 있고 굳으면 딱딱하다. 딱딱하고 형체가 있으니 부딪힐 수 있다. 부딪히면 서로가 아프다. 그 아픔을 넘어서서 상처가 나고 장애가 발생한다.

그래서 사람의 신체도 물질이어서 부딪히는 사고가 나면 상처가 나거나 부러지거나 크게 손상되어 회복하려면 많은 노력과 시간이 소요된다.

그리고 물질은 변한다. 변하는 속도가 빠르다.

물질은 특히 우리의 몸은 속도가 빠르게 변한다. 구성 비율과 형태가 변하고 집합체에서 성분이 흩어지고 움직이고 계속 변화한다.

삶의 원리를 돌아보다

인간의 몸도 물질로 구성되어 있으므로 모태에서 잉태되고 일정 기간이 지나 세상으로 나온 뒤 영양분을 섭취하여 성장하고 또 성장한다. 이 성장기가 지나면 또 성장기가 멈추고 세포가 교환되는 정체기가 온다. 성장기는 그 세포와 구성 장기와 육체가 부드럽고 풋풋하고 그 기능이 왕성하지만, 성장이 멈추고 청년기를 지나면 세포도 정체기에 돌입한다. 정체기를 지나면서 각 세포와 육체의 구성 장기들도 하락기에 들면서 인간은 노쇠한다. 심장이라든지 뇌라든지 중요한 장기의 작동이 멈춤으로써 육체의 연합적인 개체는 뿔뿔이 해체되어 각 원소만 존재하고 변화한다.

이 장구한 자연의 시간에 비하면 몸을 받아 없어지기까지 100여 년 동안에 생존하고 활동하다가 말미에는 생명을 끝낸다.

이런 현상을 통해 자연의 만물은 하나의 고정된 모양으로 머물러 있지 않음을 말한다.

머물러 있지 않은 환경에서 인간들은 어떻게 살아가야 할까? 만일 하느님이라 불러도 좋고 우주의 창조주가 계시다면 왜 이러한 현상으로 작동되도록 했을까 의문이다.

인간 중에 하나의 포함된 존재가 나이다.

그러면 인간은 어떻게 태어났으며 존재하고 어디로 갈까?

인간(人間)이란 단어는 사람 인(人)과 사이 간(間)으로 표현했다. 이미 사람이지만 탁한 불순물이 있어 맑음과 순수를 회복하는 과정에 있는 상태라고 보는 것이 타당하다고 본다.

우리나라에서 회자되는 말 중에 이런 말이 있다. "인간아, 인간아! 언제 사람 될래?"

살아가면서 보편적인 생각과 행동 기준에 아주 못 미치게 하는 어떤 짓을 할 때, 그를 보고 주위에서 "인간아, 인간아!" 반복하면서 인간이란 단어로 강조하고 다 같이 이끌려고 기대하는 바람직한 방향의 결과인 '사람'이 되고 철이 들기를 바라는 뜻의 말이다.

인간의 나란 누구냐 하면 사람이 되어가는 과정에 있는 존재를 말한다.

그러면 인간과 사람의 다른 점은 무엇일까?

사람이란 단계는 세상에 나 혼자만이 아닌 것을 알고 나 외의 존재도 나와 같은 존재로 인식하면서 내 앞에 있는 상대를 지극히 나와 같이 이해하고 존중하고 다 같이 살아가는 상태인 존재를 말한다.

그렇다면 또 인간이란 어떤 과정의 상태일까? 인간은 사람이 되어가는 과정으로 그 상태는 나만을 위주로 생각하고 행동하는 상태이다. 우선 나부터 배를 채우고 나면 만족하고 내 앞에 있는 상대는 나와 오로지 경쟁적인 관계에 있다고 생각하여 나보다 더 좋은 것이나 더 많이 가지면 그것을 인정하지도 않을뿐더러, 극도로 싫어하고 상대가 망해서 내 앞에서 쩔쩔매는 모습을 보여주면 내 속이 후련하겠다. 즉 나만의 입장과 나만의 만족을 구하고 상대에 대한 이해심보다는 적개심으로 농도가 높은 상태로 살아가는 단계를 인간 단계라 하겠다.

삶의 원리를 돌아보다

또 범위 내에서 단계는 많은 차이가 날 수 있지만 범위는 그렇다고 할 것이다.

우리가 시대적으로 성현들의 가르침을 곰곰이 살피면 공자는 인(어질 仁)을 말하였고, 예수는 이웃을 내 몸과 같이 사랑하라(愛) 하셨고, 부처는 자비(慈悲, 사랑과 슬픔)를 가르쳤다.

왜 그렇게 가르침을 주셨을까?

이러한 가르침을 모든 이들이 다 관심 있고 알려고 하고 행동력으로 표출되는 것은 아니고, 아주 단계적으로 진행되는 것 또한 현상이다.

자연의 기운은 모두가 하나라고 하는 명제가 근본 원리이며 하나라는 뜻은 개체이지만 하나라는 뜻에 개체가 그 원리를 터득하고 사고와 행동도 그렇게 하려고 노력할 때 주변을 감싸는 천지의 기운과 인체의 기운이 함께 잘 순환되어 육체의 어려움도 발생하지 않는 원리이다.

보이지 않는 하늘의 기운은 맑고 맑은 상상도 하지 못할 맑은 기운이라고 보며, 그래서 하나이기 때문에 분별 이전 선과 악의 구분 이전의 그러한 차원임을 짐작한다.

이 물질의 세계로 온 우리 인간 기운은 일부분이 탁해서 원래 하나의 인기에서 떨어져 나왔기에, 여기에 와서 그것을 알고 다시는 그러지 않겠다는 뉘우침을 하고 맑은 기운으로 되돌리는 프로그램의 과정에 와 있기에 잘못하면 고생과 어려움이 따르게 되는 원리임을 뼈저리게 느끼고 있다.

어려움에 처하지 않는 방법은 우리가 하나임을 인지하고 주변에 있는 상대에게, 사회에 이로운 사고와 행위를 하려고 당장 마음먹고 행동하는 것이다. 그러면 자연히 내 주위의 기운이 감화되어 바르게 돌아가면 내 육체와 환경조건은 어려움이 없도록 운용되게 되어 있다. 그래서 인간이 할 일을 다하면 대자연이 스스로 그렇게 되도록 하는 것을 상기하여야 한다.

우리 인간이 몸을 유지하고 성장하기 위해서는 우리 인간이 해야 하는 일은 배가 고프면 먹을 것을 적당히 먹고 나면 자연이 스스로 소화액을 분비하고 소화시켜 영양분을 골고루 필요한 부분에 이송하여 세포가 성장하고 하는 원리이다.

인간은 사람이 되려고 노력을 다하여야 한다. 그 노력을 정성껏 하려고 한다면 대자연의 운행 원리를 잡아주시는 하느님은 사람이 할 수 없는 신의 영역을 저절로 알아서 해 주시는 원리이다.

이러한 원리들을 기본으로 인간이 어떻게 살아가야 한다는 가르침을 일찍이 성현들이 설파한 것이다. 그 대자연은 삼라만상의 표상으로 그 뜻을 알려주고자 하는 것이다. 이따금씩 아주 큰 성현들이 왔고 성현뿐만 아니라 보통 사람의 계층으로도 대자연의 뜻을 깊게 알고 있는 일반인들도 많이 보내와서 살고 있다.

다만 아직 그 정도에 미치지 않는 사람이 많기 때문에 금방 알아차리지 못하는 것이다.

삶의 원리를 돌아보다

여기에서 강조하고자 하는 것은 바로 하늘과 자연의 기본 섭리는 따로 보면 개체이지만 그 관계성이 모두 연결되어 있어서 연결되어 있다는 것은 표면적으로는 환경으로 내면적으로는 기운으로 모두 연관하고 연결되어 있다는 것을 말한다.

연결되어 있다는 것은 모두가 하나라는 개념이다. 모두가 하나라는 개념은 바로 개인이 어떠한 자세를 견지하여야 올바르냐인 관점이다.

우리가 현재와 같이 기술의 발전으로 모두 이전보다는 편리한 생활을 하고 있지만 이러한 기술의 발전도 혜택을 공급하는 자가 있고, 그 혜택을 받는 자가 있어 이렇게 연관되어 있고 실제 현상으로 나타나는 장면에서도 아침에 도로에서 어떠한 차량이 사고가 나서 정지해 있으면 도로 소통이 원활하지 못해 다른 차량이 지장을 받아 영향을 미친다는 사실을 확인할 수 있다.

이렇게 우리는 사회라는 삶의 현장이 있고 사회는 서로서로 영향을 주고받고 살아가는 현상임을 확인할 때 결코 독단적으로 독야청청 살아갈 수 없는 구조임을 우리는 확연히 알 수 있다. 다시 자세하게 풀어 이(理)의 존재와 구분을 살펴보자.

첫째 우주 자연은 무한히 변화한다는 원리이다. 시간도 사실 없지만 변화한다는 현상을 두고 그 지표를 우리 인류들은 시간이라는 것을 만들어서 변화의 계측 도구로 사용해 왔다.

두 번째는 우주 만물은 순환하는 원리이다. 위의 변화를 한다는 원리에 순환하면서 변화한다는 것으로 이해하면 좋겠다. 우리가 자연에서 보면 잘 알 수 있듯이 물(水)이라는 존재도 육지 물과 바닷물에서 증발해 수증기로 되었다가 모이고 응축되면 다시 떨어져 육지와 바닷물이 되어 동식물의 세포에 긴요하게 쓰였다가 다시 수증기로 되고 빗물이 되는 경로로 계속 이동하는 순환의 원리를 보여주는 것이 이치이다.

세 번째는 상생의 원리이다. 우주는 따로 보이면 개체이지만 개체는 전체이다. 전체적인 시야로 볼 때 개체는 각각의 존재이지만 그 기능은 전체의 운용에 부합되는 방향과 내용으로 돌아가야만 하기에 개체이지만 전체이다.

따라서 이러한 기능과 작용이 상생의 원리로 말하는 순리로 말할 수 있는 것이다.

일견 우리는 순리의 반대 표현으로 역리라고 말한다. 하지만 일시적으로 고생하며 조금 돌아갈 뿐 결국은 순리로 돌아가기 위한 하나의 상생을 보여준다. 나쁜 것은 그 자체로 순리에 어긋나는 모순임을 보여줌으로써 나름 역할을 하는 것이다.

살아가면서 공부해야 하는 이유

인체의 각 기관 중에서 어느 하나의 중요 기관이 만일 질병이 들거나 손상이 되어 그 기능을 유지하지 못할 때는 손상된 기관 자체도 아프고 기능을 제대로 발휘하지 못하지만, 전체에도 신경이 쓰이게 하고 정상적인 기능 유지와 생존하는 데 불만족한 영향을 가져온다.

그렇다면 우리 몸 전체는 개개 인체가 손상되거나 아프지 않기 위해서 평상시 손상을 방지하기 위해서 작동하며 스스로 자연의 기운으로 치유되기도 한다. 개인 기관의 질병을 예방하고 손상 방지를 위해서 어떻게 하면 그렇게 안전하고 평상 상태를 유지할 수 있는지를 연구하고 그 방안들을 찾아내어야 할 것이다.

그 방안을 일부라도 찾았다면, 개개 기관들에게 정보를 공유하고 방법을 알려주어 잘 이행할 수 있도록 그 환경과 여건을 제공하고 개개 기관들은 서로서로 협조할 수 있도록 연구하고 아프거나 곤란을 초래하지 않고 평상을 유지할 수 있는 내용을 부단히 공부해야 한다.

인간의 삶이 아무런 원리도 없이 사람 따라 기분 따라 매일매일 달라지는 변덕스러운 것이라면 굳이 힘들여 공부할 필요가 없다.

예를 들어, 우리는 지금도 몇백 년 전 쓰인 고전을 읽으며 감동한다. 지금의 삶은 그 시대와 많이 다르고 지금으로서는 이해할 수 없는 부분들도 많다. 그럼에도 불구하고 우리가 그 이야기에서 감동을 느낄 수 있는 것은 그 안에서 시대를 초월해 면면히 흐르는 어떤 삶의 보편성을 발견할 수 있기 때문이다. 그리고 바로 그 보편성, 다시 말해 보여주는 현상과 규칙을 자세히 관찰하여 원리를 찾는 것이다.

사람과 동식물과 만물은 보이는 세계이든 보이지 않는 세계이든 대자연에서 존재하고 있다.

이제 우리 인간의 삶을 들여다보면, 인간은 태어나서 부모님이나 주위의 도움을 받아 영유아기를 거치고 청소년 시기를 거치고 청년기를 지나면서 학업을 마치고 성년이 되면 취업하여 이제 본격적인 본인의 삶을 살게 된다.

성년 이후에는 가정이란 보금자리를 마련하고(독신으로 살아가는 사람이 많아지긴 했지만) 가족을 구성하고 장년기를 지나 노년기를 거치면서 100여 년 전후 동안 일평생을 살아간다.

사는 동안 그 개인의 삶에는 별의별 일들과 상황의 환경들이 다가오고 지나간다. 그냥 다가오고 지나간다면 굳이 여기에서 이러한 글이 쓰이지 않겠지만 이러한 환경을 통틀어 삶의 여정이라고

삶의 원리를 돌아보다

표현하고 들여다보면 삶의 희로애락이 펼쳐진다고 말하여 왔다. 일생의 삶에서 즐거움과 기쁨의 상황보다는 아프고 슬프고 괴로운 일이 더 많은 비중으로 채워지고, 그리고 개인과 가정 단위로 모두가 차이가 있다는 것을 볼 수 있다.

그래서 우리는 살면서 희로애락 상황과 또 각자 개인별로 가정별로 다르게 찾아오는 이유와 원인을 아주 기초적으로는 알아야 그렇지 않게 살아가는 방향을 잡을 수 있기에 이러한 내용을 서로 나누고 공유하고자 하는 뜻이다.

그렇게 해야 만이 조금이라도 시행착오를 줄여 더 바르게 살기 위한 기본 방향을 잡는 데는 먼저 경험한 시행착오를 소개하면서 조금이라도 안다면 이해한다면 이해하고 그 방향으로 살고자 노력만 한다면, 이후 어느 시기에는 개인적으로나 사회적으로 즐겁고 기쁜 순조로운 삶을 살아가기 위해서 말이다. 곧 더 멋진 삶의 여정을 나아가기 위해서이다.

우리는 모두, 우리가 살아가야 할 미래가 어떤 모습인지 모르는 상태에서 매일의 삶을 살아간다. 아무런 사전 교육 없이 지구라는 별에 여행을 온 것이나 마찬가지다.

이제 조금 앞선, 먼저 그 상황들을 경험한 경험자로서 공유했으면 하는 소망에서 그 내용을 실어 놓고자 하니, 함께해 주시면 참으로 좋겠고 감사한 마음이다.

앞으로 우리가 살아가야 할 이곳에서는 어떤 규칙이 필요한지 조언을 해줄 수 있는 많은 사람들이 이미 세상을 떠나 버렸다. 하지만 다행인 것은 앞서 삶을 경험했던 사람들의 기록이 남아 있다는 것이다.

　나와 다른 삶을 살았던 사람들의 경험은 '문학'에서 찾을 수 있고, 과거의 사람들이 경험했던 시행착오는 '역사' 속에서 찾을 수 있다. 또, 철학은 이 모두를 관통하는 가장 본질적인 규칙을 찾아내는 데 헌신한다. 문학과 역사, 철학이 흔히 인문학의 3대 핵심 분야로 불리는 것은 이 때문이다.

　삶의 원리를 제대로 알려주어야 남은 생을 의미 있고 보람 있게 살 수 있을 것이다.

　삶의 경험, 나 하나의 특수한 경험이 아니라 지구를 함께 여행하고 있는 70억 명의 보편적인 경험, 그리고 나아가 수천 년간 지구를 다녀갔던 수많은 사람의 경험과 지혜를 전해주는 것은 그 나름의 뜻 있는 몸짓이라고 본다.

기운(氣運)은 내면의 상태에 따라 달리 작용한다

평상시 어떤 생각과 정신적인 작용과 행동에 따라 인생 삶은 달라진다.

우선 한 사람의 개인적으로 볼 때는 그 사람의 내면적인 상태와 행동하는 행태에 따라 기운이 작용하여 결과적으로 우리 몸과 주변 환경에 좋게 작용하기도 하고 나쁘게 작용하기도 한다.

즉 우리 개개인이 어떠한 마음과 태도로 살아가느냐에 따라서 내 몸에 존재하는 기운의 상태가 변하고, 그 기운은 내 몸에 작용하고 그 작용은 몸의 건강에 영향을 주는 것으로 볼 수 있다.

모든 물질과 비물질의 생성과 변화는 그 어떤 원인에 의하여 변화가 이어진다는 사실을 우리는 직시해야 한다. 그래서 우연이라는 것은 없다는 것을 말하고 싶다.

나만을 위해서 살아왔던 사고방식에서 상대와 주위의 인연에게 도움을 줄 수 있는 살아가는 사고방식으로 전환하니까 내 육체의 기운도 풀어지는 현상이다.

사람이 어떠한 생각을 가지고 즉 다시 말해서 어떤 염원을 가지고 행동을 한다면 거기에서부터 파장이 발생하여 내 자신과 주위로 영향을 끼친다는 사실을 나누고자 한다.

나 자신과 주위에 영향을 미친다는 것은 또 다른 형태로는 말에 뜻을 담아 밖으로 말하고, 그 염원을 담아 행동하면 보이지 않는 에너지가 생성되어 어떤 형태로든 나타나게 되는 것이 자연 원리의 한 부분이다.

예를 들면 부정적이고 슬픈 가사와 멜로디를 계속 부르는 가수가 그 내용과 비슷한 인생행로를 걷는 경우를 종종 볼 수 있었다. 그 주파수의 영향이 있음을 가늠할 수 있는 것이다.

그러므로 우리 사람은 말을 아주 신중하게 해야 한다는 점을 강조하고자 한다. 자기도 모르게 하는 경우가 종종 있지만, 특히 부정적인 생각이나 마음은 결국 자기 자신을 그렇게 만들어 나가는 환경을 조성하는 것이다. 또 불평과 불만적인 말을 하거나 남 탓은 그러한 기운을 모으기 때문에 우리는 이러한 점을 자각하고 당장 그러지를 않아야 한다. 기준은 자연에서 찾으면 좋겠다. 자연은 항상 조건대로 받아들인다. 불평불만이나 남 탓을 하지 않는다. 시시비비하지 않는다. 이것이 자연에서 보여주는 긍정적인 원리라고 보고 인간들도 이 자연에서 기준을 찾고 지극히 참고하였으면 한다. 그리고 나 자신이 말했던 내용이 잘못됐다고 자각하거나 주위에서 알려줄 때는 즉시 받아들여 수정 내지는 이후에는 시정하는 것이 매우 필요하다. 이것이 참회이기도 하다.

삶의 원리를 돌아보다

살아가면서 많은 시간을 주위 상대들과 만나고 말로써 대화하면서 살아간다. 사람의 말의 특성은 개개인이 평상시에 지속적으로 함양하여 온 내면의 상태에 따라 그 말씨가 밖으로 표출되어 상대에게 전달되는 것으로써 그 내용이나 행태가 특징으로 나타난다. 이 말은 에너지 자체인 것으로 사람과의 관계에서 매우 중요한 부문을 차지한다. 우리 옛말에 천 냥 빚도 말 한마디로 갚는다는 표현처럼 매우 중요하게 생각해야 한다. 일상적으로 부부간이나 가족 간에 대화하고 친구 사이나 지인과의 이야기를 나누며 살아간다. 서로가 말로써 대화를 나누는 말의 에너지를 주고받는다고 생각하면 되겠다.

에너지 즉 기운은 주로 말로써 대화로써 주고받는데 에너지의 교류에도 원리가 있다. 에너지가 격차가 있는 사람과의 대화를 할 시에는 주로 큰 사람으로부터 작은 사람이 받는데 에너지가 큰 사람은 주는 것만 하는 것이냐 하면 그 외에 또 있다. 상대에게 줌으로써 본인의 에너지를 순환하는 데 또 의미가 있는 것이다. 또 비슷한 크기의 사람끼리는 주고받고 쌍방 동격의 의미도 있고 순환되는 의미도 있다. 이러한 대화를 할 상황에서는 에너지가 순리적으로 순환하기 위해서 상대방의 대화를 중간에 끊지 말고 다 듣고 이해가 되면 쌍방이 에너지의 흐름이 좋게 된 결과이고 이와는 반대로 반박하거나 핀잔하거나 부정적으로 반응을 보였다면 오히려 기운이 탁하게 됨을 알고 대화 시에 이러한 점을 유념하여야 하여야겠다.

· 08 ·

인생 시기별 삶의
단계에 대하여

인생은 시기에 따라
살아가는 모드가 있다

　자연과 인생은 시기에 맞게 살아야 하는 정도가 있다.

　인생 삶의 여정에서 어느 때는 무얼 하고 어느 시기에는 어떻게 하고 시절마다 채워야 하는 내용이 있음을 나누어 보고자 한다. 이 또한 중요한 내용이라고 본다.

　우선 우리가 흔히 자연에서 접하게 되는 식물을 관찰해 보면 봄부터 겨울까지 어떻게 자라는지를 그 모습을 볼 수 있다. 모습이라야 겉모습이지만 보이지 않는 내면도 마찬가지로 작용할 것이다.

　봄에 씨를 뿌린 뒤 흙 속에서 온도 습도와 영양분이 적합하면 새싹이 트고 자라서 어린잎이 되고, 여름에는 줄기가 왕성하게 자라나서 여러 잎이 자라나고 줄기도 여러 개 형성된다. 그래서 가을이 되면 그 잎과 줄기는 당대에 끝나지 않고 꽃을 피워서 암수가 만나서 수정하고 열매가 생기면 또 그 안에 생명의 원천인 씨앗을 생성하게 된다. 겨울에는 그 씨앗이 땅에 떨어져 있다가 땅속으로 묻히면 다시 발아를 반복하는 것을 볼 수 있다. 때에 따라 정확하

　　　　　　　　　　　　　　삶의 원리를 돌아보다

게 운행된다.

　한번은 50여 평의 밭에 김장배추 30평 정도를 심고 다른 작물도 심었다. 김장배추의 파종과 모종을 심는 시기는 대개 파종의 경우 한반도 남부지방에는 8월 중하순에 씨를 뿌려야 하고 모종을 심는 경우는 8월 하순에서 9월 초순이 적기인지라 9월 초에 배추 모종을 심어놓고 망을 치고 제주도에 한 1주일 정도 다녀왔었다. 10여 일이 지나서 배추가 어떻게 자라고 있는지 궁금하기도 하고 기대심도 있어 제주도에서 온 이튿날 가보니, 심어놓은 배추 모종이 모두 흔적도 없이 없어져 버렸다.

　살펴보니 고라니 발자국과 망을 밑으로 뚫고 들어온 흔적이 있었다. 그리하여 즉시 다시 모종을 사다가 심었다. 그게 적기로부터 10일 정도 늦은 것이었다. 모종을 심고 얼마 후에 잎이 많고 포기가 많이 벌어진 아래 밭 배추와 달리 우리 밭 배추는 이제 잎이 좀 달렸으니 상당히 늦어진 셈이다.

　가을에 들어서도 아래 밭 배추와 우리 밭 배추의 성장은 크게 차이가 나는 정도로 자라고 있었다.

　늦가을이 되어서 아래 밭 배추는 포기가 꽉 찬 모양인데 우리 밭 배추는 이제 포기가 차기 시작한 터였고, 12월 초순 들어서서 식물이 거의 생육하지 않는 상태에서는 배추 포기 생성이 많은 차이가 났었다.

옛날부터 어른들께서 말씀하신 게 있다. "만물은 때가 있다"라고 식물도 적기에 파종하고 생장토록 해야 그 목적에 적합한 결과물이 생산되는데 말이다.

사람의 삶도 나이별로 구분해 보면 생후 7세까지, 14세, 21세, 30대, 40대, 50대와 그 이후로 나누어서 살펴볼 수 있다.

부모의 영향 아래 성장하는 20대까지의 초년 시절

어머니 배 속에서 태어나면서 7세까지는 거의 100% 부모나 주변 인연으로부터 의존하며 도움을 받고 커가는 시기이다.

다른 동물과는 다르며, 태어나서 즉시인 신생아 때는 다른 가족이 근처에 오는 것도 허락하지 않고 매우 신중하게 환경을 관리한다. 우리 사회에서 내려져 왔던 출생 시기와 영유아 시기의 풍습을 살펴보면 태어나서 21일까지는 삼칠일이라고 하여 이 기간에는 대문에 금줄을 쳐서 가족이나 이웃 주민의 출입을 삼간다. 특히 부정한 곳에 다녀온 사람은 출입을 절대 금하는 규제가 있었다.

출생 후 7일째를 초이레, 14일째를 두이레, 21일째를 세이레라 하고, 기간마다 행사를 벌였다. 초이레는 새벽에 삼신(三神)에게 흰밥과 미역국을 올린 뒤 산모가 먹으며, 아기에게는 새 옷을 입히되 한쪽 손을 자유롭게 해준다.

두이레도 새벽에 삼신에게 흰밥과 미역국을 올리고 나서 산모가 먹는다. 아기는 새 옷으로 갈아입히고 두 손을 자유롭게 해준다.

세이레는 새벽에 삼신에게 흰밥과 미역국을 올리고 나서 잠시 후

산모가 먹으며, 금줄을 내리고 비로소 외부 사람들의 출입을 허용한다. 집안 형편에 따라서 수수경단·백설기 등의 음식을 장만하고 일가친척과 손님을 청하여 대접하기도 한다.

이후 100일을 기념하여 축하하는 잔치이다. '100'이라는 숫자에는 하나의 기운이 다른 단계로 넘어간다는 관념이 있으므로, 아기가 태어나서 첫 한 단계를 무사히 넘기게 되었음을 축하한다는 뜻으로 해석된다. 이날은 아기를 중심으로 축하하는 날이므로 아기를 위한 백일상(百日床)이 차려지고, 주변 사람들은 아기에게 필요한 선물을 가지고 가 백일을 무사히 넘긴 데 대한 축하와 함께 앞으로 건강하게 자라라는 의미의 축복을 한다.

보통의 경우 백일상에는 흰밥과 고기를 넣고 끓인 미역국, 푸른색의 나물 등이 오르고, 백설기와 붉은 팥고물을 묻힌 찰수수경단, 오색송편이 오른다. 이때의 백설기는 삼칠일의 백설기와 같은 신성의 상징적 의미가 담겨 있다. 그리고 붉은 팥고물을 묻힌 찰수수경단은 아기에게 닥쳐올 액을 면하게 한다는 의미가 내포되어 있다. 이는 그동안 삼신의 보호 아래 두었던 아기를, 이날을 기점으로 속계로 가게 한다는 뜻도 된다. 이 밖에 오색송편은 평상시에 만드는 송편보다 작은 모양으로 예쁘게 5가지 색을 물들여 만드는데, 오색은 오행(五行), 오덕(五德), 오미(五味)와 같은 관념으로 '만물의 조화'라는 뜻을 담고 있다.

이렇게 모든 정성을 다해서 키운다. 그리하여 첫돌이 되면 돌잔치를 한다. 1이란 숫자의 상징성도 있지만 예전엔 영아 사망률이 높았던 탓에 출생신고도 늦추는 일이 많았고 1년을 살아남았으면 앞으로도 살아날 가능성이 높다고 여겨 잔치를 벌인 것이다.

돌잡이라고 해서 아기의 미래를 예측해 보는 소소한 행사도 한다. 돌잡이 용품의 의미는 아래와 같다. 적당히 비슷한 의미를 줄 수 있다 싶은 물건으로 대체해도 상관없다. 보다시피 현대에 추가된 물품들도 많다.

책이나 연필 등을 놓고 집으면 학자나 작가, 교사, 교수 혹은 학문을 연구하고 가르치는 팔자라고도 한다. 쌀이나 돈을 집으면 부자나 자산가로 부자로 살 사주를 전망하고 대추는 자손의 번창과 실을 집으면 무병장수로 수명이 길다고 예측하고 하여 아기에게 기대하는 것이다.

7세까지는 부모 또는 양육자가 거의 전담하여 키운다. 이렇게 하여 어머님 은혜의 노래 가사에서도 말하듯이 마른자리 진자리 갈아 뉘시며 하는 노래가 나온 것이다.

그 기초가 되는 공간이 가정이다. 어릴 적 금방 태어나서 처음에는 혼자이지만 그 이후에는 형제자매가 태어나고 가족 환경이 조성되면 그때 각자의 역할과 처신을 어떻게 해나가야 하는지를 가장 먼저 자연스럽게 습득하는 환경이다. 먼저 난 인연으로부터 어떻게 하는지를 살피고, 그 이후 나와 상대 인연이 관계를 잘 유지해야 하는지를 배우면서 성장하게 된다.

이러한 중에서 가끔은 충돌하고 다투지만, 가족관계인지라 보통은 어느 선을 넘지 않고 다시 돌아올 정도로 선을 가늠하고 다시 돌아오는 패턴으로 생활하며 성장해 나간다.

혈육의 인연이 어지간해서는 붕괴하지 않는 원리는 무엇일까? 어떠한 경우에도 서로 모순이 나오면 시간을 많이 갖고 수정하고 고쳐나가기 위해 노력해야 하는 기회를 많이 준 것이다.

가정에서는 말로써 행동으로써 꾸준히 쉼 없이 가족 간 환경을 흡수하고 몸으로 습득하는 과정의 기회가 지속되는 것이라고 말할 수 있다. 밥상머리 교육이라고들 하지 않는가. 아이들은 부모의 모습을 보고 습관과 생각 머리 사고의 틀을 생성해 나간다.

먼저 아버지 어머니 간의 대화 내용이라든지, 부모가 그 부모를 대하고 생활하는 모습을 보면서 그래서 어느 가정에서 부부간 의논하는 모습을 많이 보이는 가정은 그다지 삶에 있어서 어려운 게 많이 없을 것이다. 각 가정과 주위에서 접할 수 있는 가정을 가만히 관찰해 보면 그 예상이 크게 빗나가지 않음을 발견할 수 있을 것이다.

가족 간에 싸우고 충돌하고 거칠게 말이 오가고 욕하고 서로 탓하고 미운 감정을 가지는 농도가 짙을수록 그 가정은 가족 내에서나 주위를 둘러싼 환경이 좋지 않게 다가오는 현상을 보이기에 그렇게 살지 않아야 하는 것은 자명하다.

이러한 현상은 대자연은 무엇이 있어서 이러할까?

우선 혈육을 나눈 가족은 서로 밀접한 주파수가 형성되어 있다.

서로 당김의 주파수인 것이다. 이생에서 만났다면 이전의 기나긴 흐름 속에서 만나야 할 이유가 있어서 만난 것이라고 본다.

그 이유란 무엇일까? 과거에 어떠한 이유로 서로 만나야 할 이유가 있다고 보는 것이 타당할 것이다.

서로가 같은 방향으로 힘을 모아 서로 보탬이 되는 방식으로 가야 하는 길인데, 그렇지 못하고 서로가 다른 방향으로 각기 나가서 그에 대한 시정 기회의 시간을 주어진다고 볼 수 있다.

우리 인간들은 자유의지의 능력을 가지고 있다. 자연 속에서 자연의 구성원으로서 살아가는 우리 인간들의 사고와 행동은 자유의지로 행하여 온 만큼 그대로 자연에서 책임도 돌아온다는 원리이다. 이것을 종교에서도 말하는 인과응보의 법칙인데, 이 부분을 우리는 자세히 보고 살아가는 상황을 면밀히 관찰하고 간과하지 않도록 하고 조그만 결과라도 즉시 수정하면서 살아가는 것이 우리의 삶이 어제보다는 오늘을 잘 살아가는 방안이고 실천일 것이다.

가정은 사회로의 가장 근본이고 기초인지라 가정생활의 올바른 정립이 개인적으로는 바르게 살아가는 출발점이라 강조하고 강조해도 모자람이 없을지니, 지면을 많이 할애하고 많은 부분을 언급하고자 한다.

이렇게 부모는 나름대로 최선의 정성과 열정으로 자식을 키워야 하는 노력을 하여야 하는 게 근본이다. 하지만 항상 그랬듯이 인간인지라 이러한 근본 원리를 생각하지 못하고 또한 알려고 노력도 하지 않는 경우도 있는 것이 현실이다. 그래서 여기서 우리는 공유하면서 각자의 생각을 해야 한다.

우리 속담에 아주 중요한 대목이 있는데 바로 '세 살 버릇이 여든까지 간다'라는 말이다. 이 말은 대개 부정적으로 쓰였는데 긍정적으로 돌리면 바른 습관과 사고는 아주 중요하다고 다시 한번 생각했으면 좋겠다.

7세 이후부터 14세쯤에는 사춘기로 한번 성숙하는 마디이고, 21세 전후까지는 이제 서서히 하나의 개체로서 성장해 나가는 시기이다. 본인의 주관적인 생각과 판단 비율이 더 높아지면서 생각하고 행동을 해나간다. 조금 더 알기 쉽게 표현한다면, 나이가 들수록 부모와 주변 인연들의 영향보다 본인의 주체적인 선택 비율이 높아지는 것이다.

본인의 주관적인 영역 외의 영향이라면 부모가 있고, 또 형제·자매, 친인척, 친구, 선배와 그 외 모든 사회의 환경인 주변 환경이라고 말할 수 있다. 하지만 이 중에서도 보통의 경우 부모님의 영향이 가장 클 것이고 아직 개체가 필요로 하는 것을 공급해 주는 영향도 부모의 역량에 따라 그 영향력은 차이가 날 것이다.

그래서 부모의 영향은 그만큼 클 것이기 때문에 어떻게 이끌어 주고 지지하는 방향과 내용이 그만큼 중요하다는 것이다.

21세 때에는 다 자란 성인(成人)으로 보지만 20대 전후로 봄직하다. 점차로 자기의 주관과 판단으로 100%로 생각하고 행동하고,

삶의 원리를 돌아보다

이제 완전히 자기 주관과 그에 따른 행동의 책임도 본인이 100%가 되는 것이다. 성장 중 영향을 미치는 환경의 책임도 그만큼 있기 때문에 영향을 주는 의무도 있다는 것으로 해석하면 된다.

그렇다고 이제 성인이 된 20세 전후에는 완전히 독립하느냐 하면 그건 아니다. 아직 경제적으로 완전한 개체가 아니다. 이제 겨우 사회에 첫발을 디뎌 나갔기 때문에 우선 경제적으로는 몇 년간 불완전한 상태로 지내기 때문이다.

처음으로 본인의 진로와 인생행로에서 자기 것을 찾기 위해서 몸부림을 치는 시기이다. 이 시기는 혈기가 왕성하지만, 진로의 방향성이 아직 불안전하고 미래가 불투명해 자리를 잡아나가는 데 나름대로 생각이 많다. 외부 자극에 아주 민감하게 반응하는 시기이므로 부모의 어떤 말이든 잘 듣는 것 같지만 본인의 기대에 어긋난 조언에는 영 불퉁하게 화를 내고 아주 민감하게 반응하는 시기이다.

이 시기에 부모나 주변에서는 어떻게 대해주어야 할까?

이때는 미래의 불확실성으로 대단히 민감해 있을 수 있으므로 주변에서는 들어주고 옹호와 지지를 해주는 정도가 좋겠다. 가급적 크게 빗나가는 행동이 아니면 본인이 마음대로 생각하고 행동하면서 뭔가를 생각하고 찾는 행동에 묵시적으로 지원을 해주는 정도로 대하는 게 타당할 것으로 본다. 지나친 과도한 관심과 간섭은 이 시기에는 오히려 과민한 반응을 가져와 역효과를 가져올 수 있다.

사실 이 청소년기를 지나 성인 초기는 인생에서 가장 중요한 시기이다. 막 형성된 자아를 잘 조정해 주는 가정 환경이 중요하다. 왜냐면 또래 친구와 선배 등 주위 환경으로부터 많은 정보와 최근에는 인터넷 등 사회적 미디어로부터 수많은 정보를 습득하고 학습하는 환경에서 의식이 성장할 수 있기 때문이다.

이 시기의 실상 사회에서 보편적인 환경과 과정을 살펴보면, 고등학교를 졸업하고 대학을 입학하여 학업을 이어 나간다. 대한민국의 보편적인 남성이라면 국방의 의무도 완수하여야 하는 시기이다. 취업할 사람은 직장에 문을 두드리고 하여 취업해서 생활하기도 하고 아니면 아직 부모의 경제적 영향을 받고 육체적인 성숙과 정신적으로 이제 갓 본인의 자아에 첫 단추를 끼는 시기이다.

20대 때는 아직 부모님의 영향과 보호 아래서 본인과 부모님의 힘이 절반씩 가지고 생활한다. 경제를 보아도 아직 큰 부분은 부모가 마련해 주어야 하고 또 용돈도 부모로부터 수령해야 생활이 영위된다. 간혹 작은 돈은 아르바이트나 직접 벌어서 사용하는 경우도 있겠지만 말이다.

이렇듯 20대 때는 부모님의 영향과 그늘에서 아직 있는 시기이고 이제 막 독립생활을 하기 위하여 기초적인 자리를 잡아가고 있는 시기이다.

사실 어디에 취업했다 하더라도 본가이면 다행이겠지만 타지에서 직장생활을 하려고 하면 거처할 곳을 구해야 한다. 이럴 때는 우선 부모님이 여력이 있는 경우 전세금이라도 보태주어야 타지에

삶의 원리를 돌아보다

서 직장생활이 그나마 큰 어려움이 없이 출발할 것이다. 또 이와는 다르게 개인 사업을 시작한다 해도 처음 출발할 때는 얼마간 부모의 여력이 있다면 부모님으로부터 도움을 받아야 할 것이고 그렇지 않다면 사회의 금융권으로부터 대출 등을 받아야 하고 대출 시에도 사회관계망으로부터 도움이 필요하다.

이제 막 부모의 직접적인 영향으로부터 조금씩 벗어나는 때이다. 따라서 이 시기에 사회에 첫발을 디딘다면 직장에서 위계와 동료들을 접하면서 자아와 정체성도 알고 확립해 나가는 시기이기도 하다.

이러한 성장 과정에서 부모가 주의해야 할 점을 한번 짚어본다. 자식을 잘 키우고 학업도 잘 시켜 사회에서 어엿한 역할을 했으면 하는 게 일반적인 부모들의 희망이다. 그런데 자녀의 학업과 진로를 부모의 희망대로 끌고 나가는 경우를 주위에서 종종 보았다.

하나의 개개인 개체들은 각각 고유의 적성으로 타고난 우성의 기운이 있다. 그 현상이 어떤 분야에 관심을 많이 가진다든지, 좋아한다든지, 장래 하고 싶은 분야를 적극적으로 표현한다든지 하는데 그런 자식의 장점을 덮어두고 부모의 바람대로 그런 분야로 나가야 한다고 어릴 때부터 세뇌하거나 강력하게 밀어붙이는 경우이다. 자식이 만일 부모의 바람대로 나갔을 경우 일시적으로는 견디고 유지되다가 결국에는 적성이 맞지 않아 도중에 그만두고 방황하고 황금 같은 시기를 놓쳐 다시 적성에 맞는 분야에 진입하려면 매우 힘들게 되는 사례이다. 결과적으로 자기의 적성을 찾아 진출하는 기회와 시기를 놓쳐버려 이러지도 저러지도 못하는 상황에 놓여 있다는 것이다.

따라서 부모의 역할은 자식의 적성을 잘 발견하여 본인에게 적합한 분야를 선택해서 노력을 잘하도록 환경을 조성하고 지원하는 역할에 충실하면 된다고 본다.

사회 적응과 배움을
더하는 30대

그동안 본인 안에서 꿈꿔왔던 그 꿈을 현실이란 사회에서 부딪쳐 보고 하면서 인생을 출발하고 말하자면 직장은 현장학습의 장에서 인생을 배우는 시기이기도 하다.

물론 사회에서 이렇게 부딪혀 가면서 본인의 습관 중 사회 적응에 있어, 갈등하고 모순이 발견되면 이러한 잘못된 습관이 애초에 사회적인 분위기로 잘 연마 보정될 수 있지만 가정에서도 부모님이 자녀의 성격과 행동을 보면 잘못돼 있는 것을 알 수 있다. 만일 사회에서 보정의 과정에서 모순을 바로잡지 못할 경우 우리는 흔히 모질게 굴어 친하게 지내는 인연이 없거나 편협한 인간관계로서 외로움을 가져올 것이다.

이렇듯 한 인간이 태어나서 육체적으로 성장하고 또 정신적으로 성장하는 데는 직계의 가족으로부터 지원과 주변의 친·인척과 친지들의 도움과 사회적으로 잘 인식하지 못하는 그 어떤 것으로부터도 도움이 받아서 생활하고 성장해 나간다는 사실이 매우 중요하다.

그 연장선에서 30대 때는 이제 직장이나 사회에 진출해 초년의 사회생활을 하기 시작한다. 이즈음 결혼도 하여 아기도 낳고 하여 생활의 변화가 시작되고 있는 때이다. 이때는 직장에서도 처음 들어가서 처음 겪는 환경에 적응해야 하고, 직장 선배들로부터 조언도 듣고 선배들이 하는 모습도 보면서 우선은 그 환경에 적응하는 때이다.

직장 선배들도 새내기가 왔다고 상당히 관심을 가지고 우호적인 자세이다. 묻기도 전에 뭐라도 가르쳐 주려고 애를 쓰고, 게다가 신입이 일을 하다가 잘 모르는 것을 물으면 이때는 다른 일을 제쳐두고라도 신이 나서 잘 가르쳐 준다.

부서원으로 온 걸 환영하며 신입을 잘 가르쳐 줘야 실수를 줄일 수 있고 실수를 줄여야 온전하게 일 처리가 된다. 만일 신입의 일이 적절하지 않게 처리됨으로 인한 불필요한 에너지가 허비되는 걸 방지하고, 새로운 신입직원과 경력 직원이 있는 조직에서 서로 도와가며 조직의 단결과 결속력을 유지할 수 있는 것이다.

이렇듯 30대 때는 조직 내에서 많은 도움을 받아서 역량을 함양하여 나가고 선배들의 보호와 지원에 힘입어 일견으로는 무탈하게 사회생활을 해나가게 된다. 필자도 이 시기에는 직장에 처음 들어가면 선배님들로부터 아주 많은 관심과 격려를 받아 가면서 직장생활을 했다.

사회생활의 기본 원리는 사람끼리 모여서 사회적인 연관을 가지고 서로 돕고 체계의 상황을 습득하고 적응해 나가고 상호 도움을 받거나 도움을 주면서 상생하여 나가는 경험과 체험을 하여 인간관계의 이념을 정립할 수 있는 현장에서 살아가는 것이다. 그 공간이 직장이나 직업을 가지고 살아가는 현장이다.

그러므로 30대 때는 자기가 전공한 분야나 혹시 전공하지 않은 분야에 나가서 일을 하더라도 학교에서 이론적으로 학습한 내용으로는 많이 부족한 걸 경험한다.

그렇다면 여가 시간을 짬짬이 내어 모자라는 지식을 보완해야 하는 시기이기도 하다. 이때는 비교적 지적 능력도 왕성할 때다. 직접적인 지식 함양도 있지만 직장에서나 주변에서 동료나 선후배 등 가릴 것 없이 경험담을 듣거나 지도자들의 강연 독서 등을 종교, 인문, 역사, 세계사적 조류 등 전반적인 분야를 얕지만 폭넓게 수양을 통해서 품성을 더 확장하고 내공을 쌓으면 사회 적응과 앞으로 더 어려운 단계로 나아가며 힘들지 않게 될 것이다. 결혼을 했다면 이때는 아기도 태어나고 육아도 하느라 일생에서 제일 바쁜 시기이기도 하다.

사회에서 능력을
시험하는 40대

40대는 시기적으로는 사회에서 하는 일이나 대응해야 할 상황이 사회 초년보다는 서서히 강도가 높아지고 범위도 넓어진다. 에너지를 많이 쓰는 중량감 높은 일과 상황들이 다가와 내 능력도 그만큼 상향되어야 할 상황이 다가온다.

이러한 현상을 인생에서 40대 어느 때 중 넘어야 할 고비라고 말할 수 있다. 늦으면 50대 초에도 올 수는 있지만 40대는 어떻게 환경이 달라지는가를 구체적으로 살펴보면, 직장이나 사회에서 중견 간부 정도로 직급이 올라간다. 20~30대의 사회초년생 때는 비교적 단순한 과업이 주어지고 또한 주변에서 많이 예뻐해 주고 격려를 해주던 시기였다면, 10여 년 이상 경과하면 이제 새로운 환경이 다가온다. 이전에는 경험하지 못했던 규모나 여러 방면으로 비교적 중량감 있는 과업이 다가온다.

과업이나 상황이 비중이 무겁고 난도가 높으면 대응하는 자세나 태도도 종전보다는 더 세련되고 심혈이 필요하다. 개인마다 경험

삶의 원리를 돌아보다

하는 분야가 다르지만, 예를 들면 법률 분야, 여러 분야의 이해관계가 복잡하게 얽힌 경우, 사람과 관계를 설득하고 이해를 구하고 하면서 풀어야 하는 경우, 자산의 규모와 확보 등 풀어야 할 숙제가 되는 셈이다.

이 상황은 필자도 40대 중반에 겪었었고, 주위에서도 이야기를 하는 상황을 종합해 보면 보편적인 현상이라고 말할 수 있는데 고비를 넘긴다는 것은 종전과는 다른 해야 할 일이나 상황이 있는데 그것은 어차피 어렵지만 수행해 나가야 한다는 것이다.

준비되지 않은 상황에서 닥쳐오면 이때 우리는 고뇌하고 번뇌를 많이 한다. 또 장기적으로 가면 스트레스가 누적되고 여러 가지 장애를 초래하는 경우가 있을 수 있다.

그렇지만 어렵다고 생각되는 과제는 결국 당면하는 개체가 처리 능력을 배양하고, 이를 극복해야만 되는 시기가 40대의 사회생활인 것이다.

물론 조금은 주어지는 과업이 생소하고 어렵다고 느끼지만, 보통의 경우는 일차적으로 선배나 상급자의 도움을 받고 또 전문지식이 필요한 경우에는 다방면의 전문가 그룹의 전문지식을 활용하고 종합해서 일의 추진 방법을 터득하여 나가야 할 것이다.

이렇게 우리 사회의 집단 지성의 지식을 활용하면 그 외 다른 장애물도 설득하고 추진해 나갈 수 있는 긍정의 효과를 얻고 힘을 얻는다.

그러나 문제는 이러한 지원과 도움으로도 해결할 수 없어 심한 스트레스를 장기간 받는 경우다. 스트레스를 푸는 방법은 개인마다 다른데 이 내용은 별도로 나눔을 하고자 한다.

그러한 상황이 오더라도 충분히 처리할 수 있는 능력을 30대부터 많이 배우고 갖추어 놓았다면 조금 힘들어도 학습하고 연구한 역량을 모아 처리할 수 있다. 그러지 못한 경우에는 그때부터 많이 힘들어하고 좌절하며 침체한다. 더 나아가서는 의욕이 저하되고 일명 스트레스를 많이 받고 우울증과 불면증으로 악화되어 정신건강과 육체적 건강을 해치는 경우가 많다.

이런 상황이 온다면 특수한 훈련을 받으면서 긍정적인 사고와 노력으로 극복해 나가야만 한다. 물론 힘들지만 의지를 가지고 헤쳐 나가야 하는 경우도 많이 있다. 그렇게 극복을 하였다면 한 단계 올라설 수 있는 선물이 주어진다.

하늘의 뜻을 깨우치면서
살아가라는 50대 이후

50대에 들어서면 보편적으로 사회에서 그 전보다는 생활이 안정되고 자리가 잡혀 있는 단계에 이르렀다고 볼 수 있다.

직장에서는 승진도 하여 크고 작은 규모의 부서를 운영하는 책임을 맡거나 적어도 연배가 젊은 직원들의 업무적이거나 사회적인 고충에 상담도 해 주고 조언도 해 줄 수 있는 그러한 위치에 있는 게 보통이다.

개인 사업을 하는 경우에도 사업이 안정적인 계도에 올라 있고, 그 이후 확장이나 새로운 분야를 모색해 볼 수 있는 상황이 되었을 것이다.

즉 다시 말해서 인생에서 청년기와 장년기를 어느 정도 거치고 결실을 이제 막 이루는 시기일 거다. 계절로 비유한다면 늦여름을 지나 막 초가을을 맞는 시기라고 볼 수 있다.

50대를 성현인 공자의 논어에 나오는 문구를 인용하면 지천명(知天命)이라 했다. 사전적으로 풀어보면 하늘의 명령을 안다는 뜻인데 과연 하늘의 명(命)이란 무슨 뜻과 내용일까?

이제야말로 자연(하늘)이 운행되는 원리를 좀 알고자 하는 의식으로 생각하고 알려는 노력을 해야 한다는 것이다.

40대까지는 내 앞을 개척하느라 온 정성과 열을 쏟아야만 했다. 내 입장 위주로만 생각하고 물질적인 목적 달성을 위해서 쌓고 또 쌓아오는 살아오는 행태였다. 나 자신과 함께하는 가족의 안위를 챙겨야 하는 그러한 입장으로 살아야만 했다. 이러한 행태는 당연하였다.

그러나 자신과 가족을 위해서 모으고 쌓고 살아온 것이 오로지 나만의 힘으로만 된 것 같지만, 그것을 한 겹 더 들춰 자세히 살펴보면 실존을 파악할 수 있다.

즉 기본적으로 나 자신과 가족의 살아가는 행태는 사회 전체적인 메커니즘에 의해서 서로가 서로에 의해서 도움도 받고 반대로 도움도 주고 하며 살아왔음을 돌아볼 줄 알아야 하는 시기이다. 가까이는 친인척과 이웃과 더 넓게는 사회적으로 그리고 국가적으로 체계 내에서 상호 도움을 주고받는 관계로 운행된다는 사실을 알아야 하는 것이다.

그렇다면 50대에 접어들어서는 나의 입장과 가족만을 위한 그 한정된 테두리에서 그 범위를 확대하여 점차 주위로 의식을 넓혀나가야 한다는 것이다.

이때까지의 나만의 내 입장만의 관점 위주에서 사회 전체를 바

삶의 원리를 돌아보다

라보면서 나 자신도 그 속의 일부분으로 구성 운영되기 때문에 사회 전체를 바라보는 관점으로 전환하고 그렇게 생각하고 행동으로 실천하는 방향으로 조금씩 조금씩 전환하여야 하는 것이다.

그러한 방향으로 의식을 전환하고 행동하면 실질적으로는 무엇이 변화를 가져올까?

사적인 기운 에너지가 공적인 기운 에너지로 점점 더 농도가 높아지므로 그 공적인 에너지는 사적인 기운 에너지보다 맑은 기운 에너지이다. 즉 자연(하늘)의 에너지에 다가갈 수 있는 방향으로 나아가는 변화할 수 있다는 점이다. 물질만의 추구에서 정신적인 추구 활동으로 자세를 전환할 수 있는 연령이 50대이다.

자연에서 50대 이후에는 그렇게 전환하여 사고하고 행동하기를 요구한다. 그런데 일체 그렇게 생각과 의식을 전환하지 않고 계속 머물러 있다면 어떠한 현상이 나타나고 무엇을 경험할까?

사람은 태어나고 성장하고 교육을 받고 자신과 가족의 안위를 위한 에너지를 여러 사람으로 구성되어 운영하는 사회에서 에너지를 공급받았다. 30, 40대에 왕성하게 경제나 직위를 제각기 어느 정도 성취하여 잘 살아가는 듯 보였으나 50대에 들어서면서, 그것도 50대 후반이나 60대 초에 그러한 성취한 것을 유지하지 못하고 오히려 경제적인 어려움을 겪거나 직위에 상응하는 사회적인 평판을 얻지 못하게 되는 사례를 흔하게 볼 수 있다.

에너지는 순환하므로 성장하기까지 사회 여건과 환경으로부터 에너지를 받아서 성장하였으므로 적어도 얼마만큼은 그 이상으로 다시 에너지를 사회에 내놓아야 한다는 이치이다. 이제까지는 사실 그러한 메커니즘을 알지 못했지만, 알고 난 이후에는 사실을 인지하지 않을 수 없을 것이다.

인간이 어느 정도 성장하기까지 모든 에너지가 사회공동체적인 에너지가 알게 모르게 사실은 일체가 사회공동체적인 체계의 에너지로부터 개체에 미쳐 있다. 그런데도 개체인 인간은 그 사실을 인식하지 못하고 계속 자기 개체의 입장만을 고수한다면 자기 내의 에너지 방향은 물론 자기 주변의 에너지 순환장과 맞지 않아 순환의 법칙에 거슬리게 되는 결과를 가져온다.

그렇게 어느 정도 시간이 경과하면 에너지 순환의 불균형 현상을 가져와서 부작용이 발생하게 된다.

사람이 연령을 더하고 성장하면 이때까지 사적인 기운으로 살아왔는데도 불구하고 점차 공적인 의식으로 전환하여 정(正)의 기운으로 나아가야 탁해진 기운을 되돌려 놓을 수 있는데, 그냥 그대로 살아가니 세월이 흐를수록 어려움은 더해져 가는 것이다. 이 부분이 대자연에서 운영하는 원리이다. 일단 건강이라든지 환경적으로 어려움이 온다는 것은 뭔가 삶을 바르게 바꾸도록 노력하라는 신호라고 받아들이면 참 좋겠다.

삶의 원리를 돌아보다

• 09 •

건강에 대하여

건강의 중요성

뮈니 뮈니 해도 인생 삶에서 제일 어렵게 되는 경우는 건강한 육체나 정신적인 상태를 벗어나 건강하지 못한 상태로 될 때다. 다른 때와 비교할 수 없는 어려움이 따라온다는 것은 엄연한 사실이다. 이 시대를 살아가고 있는 모든 사람이 건강해야 한다는 것을 지인끼리 인사할 때마다 말하고 헤어질 때도 말하고, 안부 물을 때도 건강을 말한다.

이 건강 분야는 건강한 상태가 아닐 시에 어느 누구도 대신할 수 없고, 어려움을 함께 나누어서 해결할 수 없다는 점에서 지상의 과제인 것이다. 그래서 건강을 잃으면 천하를 잃는다고 했다. 즉 모든 것을 잃는다. 즉 죽음이다.

건강 이외 경제적인 어려움이나 환경적인 어려움은 다소 얼마간은 타인과 나누고 도우면 크나큰 어려움이 감소할 수 있는 여지가 있을 수 있다. 그러나 일시적인 어려움은 그렇지만 장기간 지속될 때는 그 상황도 만만치 않을 것이다.

삶의 원리를 돌아보다

또한 우리 인간들이 가장 관심 있는 부분이 건강적인 측면이다. 건강을 해치는 것을 알고 있고 알지 못하는 수백 가지의 원인이 있지만, 우리가 경험하고 연구해서 알고 있는 부분만이라도 실천한다면 크나큰 어려움은 면할 것이다.

어떤 모임에서 어느 집 가정에서는 자식이 최근 코로나 사태로 직장에서 제대로 월급을 받지 못해 걱정이라고 하니 다른 가정에서는 그건 걱정 축에도 못 된다, 본인 자녀는 현재 골수암을 앓고 있어 생명의 위협까지 받고 있어 이게 현실인지 꿈을 꾸고 있는지 의아스럽고 암담하다고 했다.

사는 데 아주 기본적인 온전한 건강을 유지하지 못하고 생활하는 것을 보면, 정도의 차이는 있지만 불편이 있거나 경제적으로 많은 타격을 입곤 한다. 결국 경제적으로 많이 가져도 쓸모가 없게 된다.

세계보건기구(WHO) 이사회에서 1998년 1월에 101차 세션으로 결의한 내용을 보면 "건강이란 육체적, 정신적, 영적 및 사회적으로 완전히 행복한 역동적 상태이지 단순히 질병이나 병약함이 없음을 뜻하는 것이 아니다(Health is a dynamic state of complete physical, mental, spiritual and social well-being and not merely the absence of disease or infirmity)"라고 하며 이전 건강의 정의에 영적인 개념을 추가했다.

건강한 육체에 건강한 정신이 깃든다는 심신 개념에, 일, 운동, 식사, 휴식, 수면 등의 일상적인 생활을 영위하는 데 아무런 지장이나 고통이 없는 상태를 말하는 개념이라고 이해할 수 있다.

건강(Health)은 생존의 조건일 뿐 아니라, 행복의 조건이기도 하고, 건강하지 않으면 어떤 좋은 환경과 물질적인 조건에서도 그 혜택을 누리지 못하는 상태로 전락하고 만다.

세계보건기구의 정의를 보면 건강이란 질병이 없는 상태와 허약한 상태를 넘어 육체적·정신적·사회적 및 영적 안녕이 역동적이며 완전한 상태를 말하는데 여기서 언급하자면 과거에는 영적 안녕이 포함되지 않았는데 최근 영적 안녕이 추가되어 포함하고 있다.

그리고 이 네 가지 영역의 안녕이 역동적이며 완전한 상태라고 했는데 과연 완전함으로 평가할 수 있는 기준은 무엇인지, 완전함으로 살아가는 인구는 얼마나 되는지 한번 깊이 생각해 봐야겠지만, 필자는 완전함을 향하여 부단히 노력하는 과정이라 생각한다.

삶의 원리를 돌아보다

대한민국의 보건·의료 관련 간단 지표

앞에서 건강과 관련한 정의를 알아보았는데 그러면 이번에는 실제 건강과 관련하여 실상을 한번 살펴보고자 한다. 개개인의 건강에 대한 실상을 나열할 수 없으므로 대한민국 전체의 건강과 관련된 의료 이용 등 관련 통계를 살펴봄으로써 대략적으로라도 짐작을 할 수 있으리라고 보기 때문이다. 우리 대한민국은 건강보험제도가 다른 나라에 비하여 잘 구비되어 있다고 평가하고 있다. 전 국민 건강보험제도로 운영하고 있다.

따라서 보건복지부와 국민건강보험공단에서 생산된 통계자료를 살펴보고자 한다.

◆ GDP 대비 경상의료비 추이

연도별	경상의료비(GDP대비)
2023년	220.9조 원(9.9%)
2021년	186.3조 원(9.0%)
2019년	156.3조 원(8.1%)
2017년	129.3조 원(7.0%)
2015년	111.5조 원(6.7%)
2014년	101.6조 원(6.5%)

(출처 : 보건복지부 국민보건계정)

* 경상의료비는 보건의료서비스와 재화의 소비를 위하여 국민 전체가 1년간 지출한 총액

　　－ 정부·의무가입제도는 정부(중앙·지방), 의무가입(건강 험, 산재보험, 장기요양보험, 자동차책임보험)에 의해 지출된 의료비(23년도 경상의료비의 63.2%)

　　－ 민간의료비는 임의가입(민영보험, 비영리단체, 기업), 가계직접부담(법정본인부담, 비급여본인부담)에 의해 지출된 의료비(23년도 경상의료비의 36.8%)

　　경상의료비 부담 추이는 2014년부터 10년간 매년 10% 정도 이상 증가되었으며, 매우 큰 규모의 액수가 경상의료비로 지출되는 것이다. (참고로 대한민국 2023회계연도 총세출 예산이 490조 원 정도임) 경제적인 비용도 크지만, 무엇보다도 환자에게는 몸과 마음에 크고 많은 아픔과 고통이 따랐을 것이고, 가족들도 간병과 경제적 부담 지원의 노력과 함께 고충도 함께 하였을 것이기 때문에 건강과 관련한 현실은 우리의 삶 중에서도 제일 큰 관심사인 것은 분명하다.

　　　　　　　　　　　　　　　　　　삶의 원리를 돌아보다

◆ 주요 질병과 관련한 지표

모든 질병이 고통이고 아픔이지만, 현재 우리 대한민국에서 가장 무서운 질병은 암과 치매이다. 암 환자 지표를 인용하면 신규 암 등록 환자 수는 2015년도 25만 2천 명, 2020년도 31만 4천 명, 2022년도에 35만 3천 명으로 매년 1만 5천 명 정도가 늘어나고 있고 전체 중증(암)등록환자 수는 2015년도에 125만 2천 명, 2022년도에는 177만 3천 명이었다(출처 : 통계청 국가통계포털 보건분야).

◆ 다빈도 수술을 한 통계

2022년도에 의료기관에서 제일 많이 한 수술 건수를 순서대로 살펴보면 ①노인백내장 588,384건, ②치핵 및 항문주위 정맥 혈전증 149,878건, ③기타 백내장 103,347건, ④담석증 91,849건, ⑤무릎관절증 73,291건, ⑥급성충수염 68,946건, ⑦기타 추간판 장애 63,738건, ⑧기타 척추병증 44,890건, ⑨협심증 39,290건, ⑩제왕절개에 의한 단일 분만 38,814건, ⑪요추 및 공반의 골절 34,287건, ⑫사타구니 탈장 32,242건, ⑬알려진 또는 의심되는 불균형에 의한 산모관리 31,505건, ⑭간 및 내담관의 악성신생물 30,969건, ⑮갑상선 악성신생물 29,636건, ⑯심근 경색증 29,186건, ⑰유방의 악성 신생물 29,059건, ⑱골반기관의 알려진 또는 의심되는 이상에 대한 산모관리 27,870건, ⑲만성부비동염 23,866건, ⑳대퇴골의 골절 20,867건(출처 : 통계청 국가통계포털 보건분야).

이상으로 신체적인 건강 관련 의료현황을 살펴보았다.

정신건강과 관련한 현황을 보면,

◆ 정신의료기관에서 진료한 실 인원수(단 치매 관련 제외)

구분	2018년	2020년	2022년
계	1,864,968	2,124,652	2,593,148
입원	143,156	122,829	166,277
외래	1,801,207	2,066,505	2,539,799
낮병동	4,363	2,985	2,504

(출처 : 통계청 국가통계포털 보건분야)

전체값은 각 분류별 중복진료를 제거한 값이므로 전체 수와 분류별 합계와는 다를 수 있다는 주석이 있었음

◆ 인구 10만 명당 정신질환 치료받은 수

구분	2018년	2020년	2022년
조현병, 분열형 및 망상장애	504.0	507.2	509.7
제1형 및 제2형 양극성 장애	225.9	260.1	310.1
주요 우울장애	1553.4	1,719.0	2,151.6

(출처 : 통계청 국가통계포털 보건분야)

정신건강 관련 세부 질환을 보면 조현병, 분열형 및 망상장애, 제1형 및 제2형 양극성 장애, 주요 우울장애, 물질 관련 중독장애, 신경증성, 스트레스·연관 및 신체형 장애가 있다.

매년 갈수록 정신건강 관련 치료받은 환자 수가 늘어나고 있는 현상을 볼 수 있다.

삶의 원리를 돌아보다

◆ 치매환자

2023년 현재 60세 이상 인구수는 1,365만 2천 명인데 추정 치매 환자 수는 101만 4백 명 정도로 7.40%라고 한다.

물론 치매질환도 정도의 차이는 있다. 최경도 17.4%, 경도 41.4%, 중등도 25.7%, 중증 15.5%이고 연령별로는 75세~79세 19.24%, 80~84세 27.13%, 85세 이상은 38%가 치매증상을 보인다고 하였다(출처 : 중앙치매센터 자료).

◆ 앞에서 인용한 의료 및 주요 질병과 관련한 통계자료를 수록한 이유는

이러한 국가기관이나 건강보험공단 등에서 질병에 대한 통계를 생산하고 공개하고 있는 자료는 너무나 방대하고 전문적이어서 접근하기 어려우므로 일부분이라도 알아보고자 자료를 발췌해서 공유하지 않으면 일반적으로 알아보기 어려운 자료이다. 건강과 의료 이용에 대한 현실을 조금이라도 피부에 와닿게 알아보고자 하였으며, 또한 국민 전체적인 규모와 관련한 자료를 발췌함으로써 그 추이와 규모를 가늠하게 하여 개인과 국민 전체가 건강에 대한 현주소에 대하여 정확하게 인식하고, 해마다 증가하는 건강문제 아픔을 조금이라도 줄여나가는 것이 올바른 노력이라고 피력하면서 질병 발생을 줄이려면 지금까지의 삶의 방식에서 방향을 전환하는 노력이 절실하다고 생각하기 때문이다.

건강을 위한 바른 노력

건강을 위한 일반적인 노력도 열심히 하지만, 그에 적합한 바른 노력도 매우 중요하다. 이제 또 영적 안녕이 추가되었기에 이 책 나눔을 통하여 많은 부문이 영적 안녕의 건강 요소에 접근하고자 하는 것이다.

그 노력하는 개개인과 사회 인프라를 활용해 건강의 위해 요인을 제거하고 건강을 유지 증진하는 여건과 바른 노력이 있어야 하겠다.

병이 들면 그 진단과 치료는 현재는 의료기관이 담당하고 있고 의료적으로 이론과 치료법과 약물은 보이는 물질이기 때문에 증명하고 여러 가지 경우로 의료의 새로운 치료방법과 신약 물질을 개발해 낼 수 있기에 복잡하고 어렵지만 연구하고 증명해서 치료를 해나가고는 있다.

그러나 인간은 몸은 물질이면서 동시에 영적인 비물질적인 요소와 기운 에너지도 복합하여 구성 운영되고 있다. 그러므로 전반적

삶의 원리를 돌아보다

인 온전한 치료로의 접근은 영적인 비물질적인 부분도 병행하는 것이 현재로서는 바르게 시도하는 것이 될 것이라 보는 것이다.

인간의 육체는 세포로 구성되어 있고, 또한 그 세포는 일정한 주기를 거치면서 전체 생명이 다하는 기간까지 치환되는 패턴을 가지고 있다고 과학적으로 밝혀졌다. 이 육체의 보존과 건강의 증진을 위해서는 지속적으로 적당한 영양소를 공급하고 운동을 가미함으로써 항상성과 기능이 유지 개선됨을 이제까지 경험을 통하여 알 수 있었던 것이다.

육체의 활동은 정신과 영적인 기능을 포함하여 의사결정 명령에 의한 찰나적으로 이루어지는 것을 우리는 알게 된다.

이것은 우리가 이미 밝혀진 것을 공유하는 차원에서 재차 언급하는 것이며 중요한 한 부분인 정신과 영적인 활동에 대해서도 풀고 이해하는 노력을 하여야만 온전한 건강 유지와 증진에도 도움이 될 것으로 본다.

우선 해부학적으로 인간의 육체는 뇌라는 부분에서 모든 정보를 흡수하고 상황을 판단하고 결정하여 명령하는 체계로 몸이 움직이고 있다.

그러면 뇌는 물질적인 부문으로써 정신과 영적인 작용을 하는 것을 우리는 우리 스스로를 보면서 느낄 것이다.

그러나 뇌는 육체적인 하나의 부분일 뿐만 아니라 영적으로 통하는 하나의 통로로서도 기능한다. 즉 영적의 작용과 마음의 통로로 볼 수도 있다.

정신이 가지고 있는 내공이 얼인데 그 얼 자체가 개체의 가치관과 사상과 철학과 신념 이러한 것을 말한다.

그러면 이러한 얼은 어떻게 생성될까? 그동안의 뇌를 통하여 흡수한 모든 지식 활동 등을 소화하여 개인 나름의 가치관이나 신념, 사물과 상황을 보는 관점이 형성되게 되는 형성의 결과를 말한다.

자연이 사람에게 뇌를 주었다는 것은 대자연이 그러한 활동을 하라고 진화된 것이 아니겠는가.

대자연의 운행 원리인 공적이고 정의 기운에 맞게 살아가는 게 어려움을 덜하면서 살아가게 되는 방법임을 말하고자 한다.

그래서 건강 문제만이라도 풀릴 수 있는 틈새라도 있는 것을 찾아 우리 인류의 실생활에서 적용한다면 크나큰 이득이 될 것이라고 보기 때문에 강조해서 공유하려 한다.

왜 그러느냐 하면 실제 필자의 생활에서 경험하였기 때문이다.

우리는 태어날 때 보편적으로 기능이 제대로 작동하는 상태로 태어난다. 이때의 육체의 상태를 건강하다고 말하고 그러한 정도가 계속 유지되기를 기대한다. 인간이 육체적으로 성장하면서 또 정신적으로도 사리를 점차 분별하는 수준을 함양하며 성장해 나간다.

삶의 원리를 돌아보다

즉 조그만 한 기본에서부터 함량이 늘어나고 청소년기 사춘기를 지나고 20세 전후가 되면 육체적으로는 외형상 성인이 된다. 정신적으로도 본인 혼자만의 기준과 잣대에서 주위와 조화를 이루면서 생활할 줄 알고 맞추어 나가는 관계가 형성되기 시작한다. 인간관계의 형성에서 힘의 원천이 바탕이 되지만 그것이 100% 전부는 아니고 사리에 맞을 때라야만 그 힘도 온전히 작용하는 것을 우리는 경험을 통해서 알 수 있었다.

인간 생활을 물질세계와 비물질세계로 나눌 수 있는데, 비물질세계는 세부적으로 정신, 이치, 힘 등이라고 표현할 수 있다.

현실에서 볼 때 육체를 움직이는 실존은 정신이라고 할 수 있다. 육체 전부를 다 움직인다고 볼 수는 없지만 의지대로 움직일 수 있는 부분만 생각과 마음으로 움직일 수 있다.

육체에서도 팔과 다리를 움직이는 등 개개인의 의지대로 할 수 있는 부분과, 내 의지가 아닌 자연 그대로 저절로 움직이는 것이 또 있다. 내 의지로 할 수 없는, 즉 소화액 분비라든지 호르몬 분비 등 자연적으로 스스로 작동하는 자연 전체 시스템에 의해서 돌아가는 것(이것을 대자연의 "섭리"라고 표현해 두자)으로 구별된다.

그것은 우주의 자연 질서에 의해서 생성되었고 그 원리대로 움직여지는 것이다.

육체 내에서도 자연 스스로 작동되는 부문이 병들지 않고 온전하게 작동되는 것이 건강함인데, 이러한 과정은 어떤 것과 연관될까? 하는 물음인데 그것은 육체를 가지고 있는 개개인의 생각과 마음과 정신이 우주 대자연의 원리에 합당한가에 귀결된다고 본다.

그래서 인생 삶에서 가장 기본과 기초가 되는 것이 건강한 삶이 되기에 많은 부분 할애하여 나누고자 한다.

삶에는 지금 최선의 공부
노력을 해야

인간은 태어나면서부터 죽음을 맞이할 때까지도 삶에 대한 학습이 이루어지기에 공부는 기본 중의 기본이다.

가늠해 보면 30% 정도는 이 에너지에서 물질화가 되었고 또 보이지 않고 현재로서는 쉽게 가늠할 수 없는 에너지가 70% 정도 존재하여 운용되고 있다고 본다. 현재 보이지도 않고 쉽게 가늠할 수 없는 에너지를 이를 '형상화하지 않은 에너지'와 비물질 인기(人氣)를 비물질에너지라고 칭하고 지금부터는 여기 내용을 전개하기로 한다.

우리가 눈을 뜨고 또 오감을 활용하면서 살아가는 실생활 속에서 이 비물질에너지에 대한 이야기를 많이 하는 것을 발견할 수 있다.

개인적으로는 인간관계에서 파생되는 속에서 기분이 좋다, 기분이 나쁘다, 좋은 기운을 받는다고 한다. 또 사업이나 어떤 하고자 하는 일을 추진할 때 운이 좋다거나 나빴다고 표현한다.

물론 동양에서는 사주명리학이나 토정비결과 풍수지리에서 그러한 비물질에너지가 운용되고 있는 실체를 생활에서도 밀접하게 활용하고 있지만 그게 표면적으로 인식되진 않는다.

그러면 대표적인 비물질에너지는 무엇일까? 바로 지식이다. 지식의 창조가 바로 자연이 인간에게 부여한 고도의 기능이라고 볼 수 있다.

인간의 두뇌에서 나온 지식으로 물질세계를 이렇게 저렇게 연구하고 규명하여 생존하는 데 우선적인 주요 요소인 의식주(衣食住)에 드는 물질을 생산하여 사용하고 있다. 그다음으로 질병 예방과 의약품 개발과 운송수단, 통신수단을 우선 구축하고 여기에 계속 추가하여 편리하고 더 넓고 더 확장된 물질을 개발하여 가고 있다.

이제 우리가 생각하고 공유할 부분은 보이는 세계를 통하여 보이지 않는 세계를 가늠하고 유추함으로써, 살면서 경험하는 현상을 알고 대자연의 원리에 근거하여 바르게 사는 것이다. 바르게 삶으로써 내가 어려움을 덜 겪는 것과, 모든 인류가 선대 현인의 가르침을 현시대에 나누고 또 후대에 전해서 사람답게 살아가게 하는 데 그 목적이 있다.

이때까지 우리 인류들이 또는 스스로 알고 있던 그 지식 위에 자연이 뜻하고 있는 가르쳐주는 원리를 관찰하고 연구 노력하여 자연의 원리에 부합되게 살아가야 바르게 가는 길이라고 말해 본다.

삶의 원리를 돌아보다

자연(우주)에는 원리(법칙)가 존재한다. 우리 인류는 그 법칙을 진리라고 추구하며 모든 인류가 그렇게 알려고 노력해 왔다.

우리가 위인이나 높은 위치에 있는 인물, 정부 조직의 고위 관료나, 기업의 고위 경영진, 종교 지도자 이들은 그 분야에서 영향력이 강하다. 이는 이들의 기운이 강하고 강한 기운만큼 마찰력도 강하다. 이들에게 세평으로 출세했다고 하고 그렇지 못한 사람들에게 부러움을 사고 선망의 대상이라고 이제까지 생각해 왔던 게 보통이다.

> "침묵을 통해 영혼은 더욱 밝은 빛 속에서 길을 찾으며 모호하고 기만적인 것은 결국 분명히 밝혀진다. 우리 인생은 길고도 고된 진리 탐구이다."
>
> — 마하트마 간디 —

우리 인간들이 언제부터 태어나고 이 땅에서 살고 있고 왜 육신이 생명을 다 끝내고는 사라지는 것일까?

사라지면 영영 없어지는 것일까?

나는 30대 어느 날 큰 의문을 가지며 살아오게 되었었다.

40대 초중반에 마음의 어려움이 와서 불면증과 불안, 스트레스 등이 찾아와서 처음에는 근처의 사찰을 찾게 되었다. 조그만 일요 법회에서 스님께서 주소를 기재해 둔 축원지를 앞에 놓고 소원성취를 빌어 주셨다. 매일 아침·저녁으로 천수경을 읊으며 108배를 2년간 했었다. 그럼에도 불구하고 나에게는 약간의 기대와 안심이 될 뿐 불안 해소 등 별다른 성과를 경험하진 못했다.

곰곰이 어렸을 때의 우리 집 환경을 떠올렸다. 펌프 우물 옆 장독대 위에 흰 그릇에 물이 담겨 있는 걸 보았다. 지금 가만히 생각해 보면 그 흔적은 무엇이었을까.

우리 할머니가 새벽에 일찍 일어나셔서 아침 식사를 짓기 전에 깨끗하게 세수하시고 옷깃을 정돈하여 정화수 한 그릇을 장독대에 올려놓고 천지신명께 지극정성으로 기도를 하셨다.

할머님은 무엇을 천지신명님께 비셨을까? 지금 이 글을 쓰는 순간 마음이 뭉클하면서 눈물이 난다.

이제 와서 생각해 보니 천지신명님은 다름 아닌 바로 이 대자연이다. 우리가 태어나고 몸이 없어지고 하는 그 현장과 모든 인연과 환경과 함께하는 공기와 물과 에너지가 바로 대자연이다. 보이는 세계의 에너지이든 보이지 않는 세계의 에너지이든 일체가 대자연이고 에너지체이다.

자연은 인간에게 이 세상에 나게 할 때 단연코 100% 완전하게 나게 하지 않았다고 본다. 이것이 인간 삶을 운행하는 근본의 이치라고 말할 수 있다.

결론부터 말하자면 30% 정도에서 뭐든지 부족하게 만들어 놓은 것으로 본다.

그러한 상황은 또한 사람마다 다른데 그것은 그 본인이 살아가다가 어떤 상황에서는 가장 취약한 부분으로 맞닥뜨리지 않을까.

삶의 원리를 돌아보다

그 모자라는 부분이란 성격도 있을 수 있고 세부적으로 동양학적으로 말하면 음양오행 기운으로 살펴볼 수 있는데 인간 개인으로는 그렇고 왜 이렇게 완전하지 않은가.

개별 특성과 소질이 다른 것이다. 개개인을 놓고 보면 그렇지만 전체를 생각하여 보면 개개인의 역할이 달라 서로 의존하고 도와가면서 살아가도록 하는 이치가 있다고 하겠다.

나도 따지고 보면 어떤 기운을 약하게 만들어 그걸 보완하고 메꾸어 나가려면 이런 현상에 대하여 공부도 하고 또 타인으로부터 조언도 들어야 하고 전문가들의 경험과 학습된 것으로부터 받아들여야 한다.

이것이 전체를 위한 개인의 조화와 융화를 도모하기 위한 자연의 운행 이치가 아니던가.

이러한 점이 상대를 업신여기지 않고 나 홀로 독야청청하지 못하도록 해둔 장치라 해도 무방하지 싶다.

우리가 인체를 살펴볼 때 각각의 역할과 기능이 다른 것이다. 인체는 전체 우주를 여기 보이는 곳에 탄생시켜 놓았다.

이 대자연을 가만히 살펴보면 다 보여주고 그 뜻이 서려 있다.

사람들이 그냥 그렇네, 하고 지나치면 아무것도 알아내지 못한다. 보이는 이 대자연은 삼라만상으로 표출되어 그 내포된 뜻을 알려주려 하고 있다.

이 속에서 자연이 뜻하는 바를 찾아내고 자각하고 바르게 인식하고 사람들이 바르게 생각하고 행동해야 할 바를 아는 게 근본적인 배움이라고 본다.

여기서 삶의 원리 한 가지는 인간의 삶에는 양지가 있으면 음지도 있고 음지가 있으면 양지도 있다는 명제이다. 희로애락(喜怒哀樂) 물론 그 차이는 개인의 노력에 따라 차이는 있을 수 있지만 분명한 것이다. 그래서 환경이 조건이 나쁘다고 절망에만 머무르고 빠지는 것은 또 다른 면의 생각을 못하고 있는 것이다. 이것을 알려면 어떻게 해야 하는가. 배워야 한다.

인간은 그래서 생각할 수 있는 뇌가 발달하여 왔고 그 이전에 양심도 심어져 있다. 살아가는 이유와 방법을 잘 모른다면 선지자로부터 자연 속에서 살면서 보고 느끼고 배워야 한다.

배우기 싫다면 필요가 없다고 한다면 배우지 않아도 된다. 하지만 배워서 사는 것이 배우지 않고 사는 것보다 훨씬 덜 어렵게 살 수 있다.

어렵다는 것도 여러 가지 측면이 있지만 대표적으로 환경적인 어려움, 경제적인 어려움, 인간관계의 어려움, 건강하지 못한 것에 대한 어려움이 있을 수 있다.

흔히 하는 말로 "돈을 잃으면 조금 잃는 것이고 명예를 잃으면 많이 잃는 것이고 건강을 잃으면 전부 다 잃는 것이다"라고 했다.

돈도 세상살이에서 본인과 가족이 의식주를 해결하는 데 큰 어려움 없이 갖추어지도록 해야 하나 애초부터 그렇지 못한 경우도

삶의 원리를 돌아보다

있고, 처음에는 돈을 벌다가 어느 정도 축적된 다음 좀 더 규모를 크게 확장하다가 뜻대로 되지 않아 그동안 모은 재화를 다 잃어버리는 경우도 발생하는 예를 우리는 사회 현장에서 종종 듣고 볼 수가 있었다.

그리고 돈과 그동안 쌓아온 명성과 직책 등을 얻고 승승장구하다가 석연치 않은 원인으로 돈도 나가고 어떤 일이 도리어 잘못되어 명성이 추락하고 직책 등에서 떨어지는 결과로 이때까지 쌓았던 평가가 추락하는 경우도 있다.

돈도 명예도 살아가는 데 중요한 요소이지만, 또 딛고 노력하면 얼마간 시간이 지난 후에는 어느 정도 회복할 수 있다. 이것도 비교적 젊을 때 겪는다면 다시 일어설 수 있는 시간이라도 있어 가능하겠지만, 만일 인생 후반기에 그런 어려운 상황이 되었다면 반전하여 극복하기란 매우 힘이 들 것이다.

돈이나 명예는 본인의 노력 여하에 따라 극복 가능성이 쉽지는 않겠지만 전적으로 불가능하다고만 할 것은 아닐 것이다.

이에 비하여 삶의 큰 요소인 건강 문제를 말해 보면, 나이를 먹어감에 따라 신체기능이 떨어지고 노화되는 현상은 어쩔 수 없는 자연스러운 현상이라지만, 나이와 노화와는 다르게, 어떤 특수한 질병이 있어 건강하지 못한 경우는 참으로 회복하기란 더더욱 어려울 것이다.

생활 현장에서 공적인
삶의 자세와 실행

우리 개인들이 실제 삶의 현장에서 어떤 의식과 행동을 하는 것이 공적인 삶이 될까?

가장 쉬운 부분부터 짚고 가볼까 한다.

현대 사회는 지식적 수준이 모두가 높아졌고 많이 복잡하게 움직이고 있다. 가장 흔하게 생활현장에서 볼 때 차량을 운전하는 때가 많다. 교통 법규라는 서로의 약속을 정해놓고 있는데, 이 약속을 서로가 잘 지켜야 한다. 그런데 약속을 지키자 해놓고 한쪽에서 잘 지키지 않으면 욕부터 튀어나오는 경우를 많이 경험하였다.

여기에서 공적인 의식이란 상대도 나도 간혹 실수할 경우가 있으므로, 조금 더 이해하고 넘어가는 경우도 있고 아니면 상대의 실수나 어떤 조금의 개연성이 있어 불편하게 하는 운전 상황을 조금도 용납하기는커녕 보복 운전까지 하는 경우를 도로에서 목격할 수 있다.

예를 들면 경험하건대 차로가 합쳐지는 곳에서 또는 차로를 변

삶의 원리를 돌아보다

경하여야 할 경우가 있는데, 진입하는 차량은 방향 지시등을 켜며 천천히 이동한다. 그럼에도 절대 본인 앞으로 진입을 허용하지 않는다는 자세로 공간을 내어주지 않아 아슬아슬하게 다음 차 사이로 들어간 경험을 한 운전자들이 많을 것이다. 나도 상대와 같은 입장이 될 수 있으니 배려해 주는 마음을 갖는다면 각각의 결과는 어떻게 될까?

서로 배려하지 않는 경우의 결과는 상대에게 아주 부정적인 악한 감정을 토해내고 허공에다 대고 냅다 욕설을 내뱉을 것이다. 그와는 대조적으로 질서 있게 배려하여 길이 잘 트이는 배려를 받는 경우 점멸등을 작동하여 감사의 뜻을 전하면서 기분이 좋아진다. 향후 똑같이 상대의 입장이 되는 경우에는 쉽게 질서 있는 배려를 해 주는 마음이 생기고 그렇게 운전할 것이다.

공적인 의식이란 아주 작은 것부터는 이러한 형태로 나타내야 하는 것이고, 거듭 말하지만 왜 공적인 의식을 가져야 하는가 하면, 모두가 성장하기까지 내 이웃과 주변의 모든 인연들로부터 알게 모르게 어떠한 형태로든 도움이랄까 영향을 받았기 때문이다.

그래서 자연의 원리인 에너지 순환의 법칙을 냉철히 헤아리면 다시 돌려주어야 나의 어려움이 덜한다.

아주 기초적인 공적인 의식은 잠깐 예를 들었고 각자마다 모든 관념과 행동이 다를 수 있다.

또한 분야이다.

우리 사회에서 전문가 그룹이 있다. 기능적으로 한 분야에 오래 종사하여 몇십 년 후에는 그 사람만의 재능으로 사회의 한 분야에서 필요로 하는 경우가 있고 또 학문적으로 한 분야를 전문적으로 연구해서 석·박사를 취득하여 가르치는 현장에 있는 경우가 있고, 또 다르게는 국가에서 면허증이나 자격증을 획득해서 그 전문 분야의 도움이 필요한 현장에 종사하는 경우 이를 통틀어 전문가의 입장인 경우

이 계층의 전문가들은 어떻게 공적인 의식을 가져야 할까?

이 전문가들은 더 엄격히 공적인 의식을 요구할 것이다. 왜냐면 사회 영향력이 그만큼 비중이 크기 때문일 것이다.

인류 삶에 있어서 사람은 모든 분야에 통달할 수 없기에 어느 국한된 부분에 한하여 전문가가 된다.

이 말은 나도 다른 전문가의 도움을 받아야 된다는 것을 뜻한다.

그러한 연유로 각 분야의 전문가들은 공통적인 사회적인 요구를 철저히 실천해야 하는 당위성을 가지고 있다.

그러므로 전문가로서 보편적인 가치 이념은 사회공헌을 함에 사회 전체에 이로운 행위를 함에 있어서 그 책무가 있는 것이고 나의 행위가 내 앞에 찾아온 또는 내가 생산한 재화나 용역이 쓰는 사람에게 해로움이 없이 이롭게 쓰이고 지극히 유용한지를 살피는 마음 씀씀이 그 바탕이 되는 것이다.

삶의 원리를 돌아보다

내가 그렇게 하고 다른 전문가들도 그러하면 신뢰가 바탕이 되고 사회의 모범과 근간이 되어 공동체 사회가 믿음과 긍정적인 의식체계가 다수가 되므로 그 평형이 유지 발전되어 우리 인간들은 이제 사람으로 승화되어 우리의 본분을 다해 나가는 삶의 길 방향으로 나아가는 여정이 된다고 본다.

전문가란 오로지 석·박사를 따고 면허증을 받는 경우도 있지만, 한 분야에 일평생 직을 다 가지면서 자기만의 고유한 노하우를 습득한 전문가가 되는 경우도 있다.

그렇다면 우리 모두는 어느 정도가 되면 각자가 어느 작은 부문이라도 각자가 고유한 전문가가 되어 있어 업에 종사하게 되어 있다.

그렇게 된 전문가는 어떻게 의식을 가져야 할까?

이제까지는 보편적으로 내가 제공한 그 재능을 발휘하여 이득을 제공하면 그에 반대급부로 재화와 바꾸는 과정으로 막연히 생각하고 생업을 이어왔을 수도 있다.

그 전문 분야가 희소성이 있고 보다 질적으로 높으면 투자가 많이 되어 습득했다면 그 대가도 높아 수입이 많다.

이러한 정도로 우리 대부분은 삶에서 그렇게만 살아왔을 수도 있겠다 하면서 돌아보게 된다. 아니면 그렇지 않을 수도 있겠지만,

이제 우리는 이러한 패턴을 더 진화하여 적용해야 할 때가 다가왔다. 이제까지는 빈궁을 벗어나려고 생산하고 더 생산하여 재화를 축적하고 풍요를 누리기 위한 목표로 살아왔다.

세계 경제적으로 선진국이라 할 수 있는 OECD 국가는 어느 정도 경제적으로 성장하였고, 우리 대한민국도 경제 강국에 들어서 물질적으로는 풍족한 수준에 와 있다.

그러한 가운데서도 세계적으로는 나라마다 빈부의 격차가 상대적으로 차이가 나고, 우리 현실만 보더라도 가구 간의 빈부의 격차가 늘어나, 그것이 불만의 요소로 있는 것이 현실이므로 이러한 불만을 줄이고 모두 다 이해할 만한 그 무엇을 내어놓아야 한다.

그러므로 그 하나의 방안이 전문가와 기업가들이 아주 고도의 도덕적 의식과 사회적 책임 의식을 견지하고 있음을 내보여 주어야 다른 이들도 그걸 알고 깨닫고 아무런 이유 없이 그렇게 되지 않았다는 사실, 즉 자연의 이치가 적용될 수 있는 것을 알아야 불만보다는 이해를 할 수 있고 그런 의식을 가질 때 함께하고, 함께 세상을 살아가는 우리가 구현됨을 피력하고자 한다.

사실 경제력을 비교적 많이 소유한 계층 중에 필자가 접해본 사람들은 그 삶의 과정에서 성실과 피땀 어린 노력으로 그 결과 부를 형성하였지만, 자신만을 위한 측면에 머물지 않고 내부적으로는 작업 환경 개선과 종업원 복지에 더 많은 신경을 쓰고, 나아가 사회적으로 어려운 환경에 처해 있는 계층에게 필요한 부문을 지원하여 인재를 육성하고, 민간단체 등에 적극적으로 도움을 주어 사회에 긍정적 역

삶의 원리를 돌아보다

할을 하도록 하는 행동하는 측면을 볼 수 있었다.

자연의 원리에서 우리는 어떠한 의식과 정신으로 살아가야 할까?

왜냐면 인간은 만물의 영장이라고 하지 않았는가.

만물의 영장이란 자연 중에서도 사고할 줄 알고 언어로써 소통하고 지식을 생산할 줄 아는 고등동물이기 때문에 만물의 영장이라고 한다.

지식을 생산하는 목적은 대학교의 목적에서도 있듯이 진리 추구이다.

진리란 변하지 않는 자연의 이치이다.

이 자연의 이치는 상생과 모두 다 함께이다. 많은 사람이 더 이러한 의식과 정신을 구축하고 행동함으로써 궁극적으로는 삶의 애환을 덜며 인간이 이 땅에 태어나서 마땅히 해야 할 그 본분으로 나아가기 위함이다.

그러나 자연의 운행 이치를 더 자세히 알아내기란 쉽지는 않다. 사람마다 그 의식 상태가 다르고 고차원의 의식 상태를 가진 자가 먼저 고진감래 끝에 경험한 바를 먼저 내어놓고 그다음 의식 상태를 가진 자가 전해 듣고 배워 나가는 것이 지금까지의 상태라고 본다.

그러한 의식과 정신 상태를 높여가야만 사회 전체적으로 불만과 남 탓 등이 줄어드는 방향으로 나아감에 희망적인 비전이 있을 수 있다고 본다.

· 10 ·

스트레스에 대하여

스트레스 상황

많은 현대인이 일터에서나 대인관계의 과정에서 스트레스를 받는다고 호소한다.

스트레스 발생의 역사적 경과를 살펴보면, 그 옛날 원시시대 인류가 먹을 것을 구하다 만난 야생동물을 공격해서 제압할 때나 더 강한 상대를 피하는 과정에서 자신의 안전을 지키기 위해 긴장하면서 나타나는 현상이었다.

외부의 위협, 공격 등에 대항해 자신을 보호하려는 신체와 심리의 변화 과정, 생체에 가해지는 여러 상해 및 자극에 대하여 신체에서 일어나는 비특이적인 생물 반응이라고 말한다. 거의 맨손 수준으로는 일단 피신이 먼저였을 것이다. 이때는 우선 자신을 보호하기 위해 신속히 피하기 위해서 긴장하고 대응하는 신체적인 부분과 심리적인 긴장 상태를 스트레스라고 하였다.

맨손 단계를 넘어 활이라든지 칼을 소지하더라도 근접해서 있을 경우에는 맨손 정도는 아니지만 그 버금으로 긴장하고 스트레스

삶의 원리를 돌아보다

를 받았을 것이다.

그다음 성능이 좋은 총을 가졌고 총기 훈련이 잘되었다면 보이지 않을 경우에는 다소 긴장되지만, 시야가 트인 공간에서는 맹수가 나타나더라도 그렇게 극도의 긴장은 되지 않을 것이다. 왜냐하면 그 상대를 내 신체의 훼손 없이 비교적 쉽게 제압할 수 있다는 자신감 때문이다.

현대 사회에서는 이제 생업이 산업의 분화로 여러 각 분야로 그 진로가 다양해졌고 사람마다 가치 기준과 생각도 다양해졌는데, 그만큼 새로운 경험을 해야 할 때가 많다.

처음 경험하는 상황에 적응해 헤쳐 나가고, 다양한 개성을 가진 사람들과 교류할 때 이해관계 안에서 중재하면서 적절히 조정해야 하는 게 현대 사회의 특징이다. 그래서 현대 사회는 옛날의 스트레스보다 심리적이고 정신적인 중압감이 훨씬 강하다고 할 수 있겠다.

스트레스의 단계와 반응을 보면, 첫째 맞닥뜨리는 환경과 일들이 본인의 대응으로 잘 제어가 되지 않다고 생각되고, 본인의 능력 이상으로 환경이 다가와 스스로 해결이 어렵다고 생각한다.

대응하는 데 자신감이 결여되고 자존감에 상처를 줄까 하는 우려가 과중하여 심리적으로 긴장하고 걱정한다. 이러한 긴장 상황이 어느 정도 시간까지 지속되는지 언제 그러한 국면이 바뀌게 될지 예측이 불가능할 시에 더욱 긴장이 되고 고민에 고민을 거듭하게 된다.

한 요소의 작용이 계속 지속되면 더욱 부정적인 방향으로 상상하여 우울해지고 에너지가 소실되고 이러한 현상이 시간적으로 오래가면 육체의 부작용이 일어난다.

스트레스를 받았을 때 우리 몸은 어떠한 반응 기전으로 작동하는지 한번 알아보자. 물론 같은 일을 당해도 스트레스를 엄청 받는 사람이 있는가 하면 스트레스를 별로 안 받는 사람이 있다. 이런 상황에서 스트레스를 안 받는 사람은 두 부류라고 보는데, 긍정적인 사람과 아무 생각이 없는 사람일 것이다.

스트레스가 지속되면 육체의 각 장기들은 그 기능들을 제대로 발휘하지 못하게 된다. 우선 위장이 긴장되면 제대로 기능을 못하여 더부룩하고 장에서도 연동운동이 제대로 되지 않아 가스가 차이고 변비가 생기고 자연히 식욕 감퇴 등 증상을 가져온다. 심리적으로는 의욕 감퇴, 불면증, 우울증 등이 와서 의료기관에 가서 상담하고 약물 처방과 복용으로 도움을 받기도 하지만 단시간에 스트레스 자체를 해소하기 어려운 상황이 된다.

이렇듯 스트레스 중에서도 본인이 극복하기 어려울 정도로 과도하고 비교적 기간이 오래 지속되는 경우에는 위에서 알아본 것처럼 육체적으로 심리적으로 주위에 미치는 부정적인 영향이 살아가는 데 많은 장애와 어려움을 가져온다.

그렇다면 스트레스를 심하게 받지 않으려면 우리는 자신의 대응

　　　　　　　　　　　　삶의 원리를 돌아보다

역량을 높여 나가는 방안이 최선이 아닐까 정리해 본다. 세상에는 필요한 부문에 대하여는 많이 나와 있는데 명상, 요가, 기수련, 호흡법, 집중 등 각 개인에게 적합한 방법을 선택해서 해 볼 수 있겠다.

인간 육체와 기운으로
본 취약 요인

　사람은 내부적으로 약점을 각각 다르게 지녔다. 사람마다 특성인 우성과 열성 인자에 의해 어떤 사람은 특정한 분야에 비교적 강점과 약점을 지녔다는 것이다.

　보편적으로 보면 저마다 신체적으로나 정신적으로 강한 부분과 비교적 약한 부분을 가지고 태어나는데 개개인의 전체 기운의 구성 중에 일정 부분은 취약하게 구성되었음을 관찰할 수 있다.

　우리가 서로 이야기하며 나누다 보면 어떤 사람은 고소공포증이 유독 심한 사람을 볼 수 있고, 어떤 사람은 좁은 공간에 들어가는 게 매우 극도로 두려워 그러한 장소를 극히 회피하는 폐쇄공포증(閉鎖恐怖症)을 가지고 있고 또 특정 동물을 싫어하고 극렬하게 회피하는 반응을 보이기도 하고, 또 특정 음식을 회피하거나 극한적으로 싫어하고 거부하는 경우도 있다. 이렇게 개개인들은 뭔가 부족한 분야가 있다.

　또 반대로 타고난 재주나 재능도 다른 사람들보다 뛰어난 부문이 있는가 하면, 보통의 사람들보다 훨씬 더 재능이 없는 부문도

　　　　　　　　　　　　삶의 원리를 돌아보다

있다.

그것을 정도로 표현한다면 부족한 취약 정도가 상, 중, 하 정도로 본다면 동양사상의 명리학적으로 풀어보더라도 오행의 기운 즉 목, 화, 토, 금, 수 기운이 개인마다 분포도가 다르다.

인체도 자연의 기운을 토대로 존재하고 운영되고 있는 실체이므로 개개인의 특성상 어떤 분야에는 관심이 높고 재미있어하고 잘하는 재주를 가지고 있기도 하고 이 현상은 오행 중 어떤 기운이 충만하다는 것으로 볼 수 있다.

따라서 앞에서도 말했지만 인간의 삶에서 어렵게 되는 것은 여러 가지 방면과 종류가 있다. 우선 사람이 살아가는 데 필수적인 부분에서 모자람과 충족이 있을 수 있다.

◆ 적성에 맞지 않는 일을 하는 경우 스트레스를 받는다

본인의 적성에 맞지 않는 분야에서 일을 하는 경우를 들 수 있다. 사람은 일을 하면 일단 거부감이 없어야 한다. 간혹 사회초년생에게 일에 대한 거부감이 생기곤 하는데, 이러한 경우는 객관적으로 그 일의 난도가 높다기보다는 본인의 적성과 비슷하지도 않기 때문에 그 일을 접하고 수행하기가 어렵다고 느끼는 것이다. 그러나 어느 부분 현재 나와 맞지 않으면 거기에 머물지 말고 지나가 버리면 언젠가는 자신이 훌쩍 커져 있어 뛰어넘어 버린 상황이 될 수도 있으니, 하나의 상황에 매달리지만 말고 자신을 가꾸어 나가면 좋은 극복 방안이 될 수도 있을 것이다.

◆ 자기의 적성에 맞는 일이 있다

세상의 하는 일은 각양 각 분야의 여러 수천 가지의 할 일이 있는데, 이것을 하는 사람도 천차만별의 특성과 개성을 지녀 사람이 맞닥뜨리는 일은 대부분 자기가 할 일을 자연스레 자기가 추구하면서 찾게 되고 노력하고 찾게 되다가 보면 결국은 어느 정도는 자기에게 적합한 부류의 일을 만나서 하게 된다.

만약에 사회초년생이 어떤 일을 경험하다가 도저히 자기가 하고 싶은 의욕이 생기지 않는다면, 그것도 처음 2~3개월이 아니라 수개월 내지 1년 정도나 길게는 3년 정도가 지나도 적성에 맞지 않다고 생각된다면, 다른 분야의 일이나 직업을 찾는 것도 긴 인생길에서 하나의 방법이 될 수 있다고 본다.

자연은 이렇게 인간을 탄생토록 함에 있어 개개인이 해야 할 일을 개성과 적성과 재주에 맞게 기회를 부여하고 조금 모자라는 부문이 있다면 노력을 통해서 보완하도록 하고 있다.

그러니 그러한 일을 사람이 자연스러운 가운데 선택해서 하도록 하고 있으니, 그렇게 이해하고 개인들은 자연스러운 가운데 최선의 판단으로 최선의 노력으로 하면 뇌는 것이다.

왜냐면 이 세상은 노력을 해야만이 어느 정도 살아갈 수 있도록 마련된 곳이기 때문이다.

이 땅에서 놀며 여유 있게 즐겁게만 살도록 이 땅에 보내지지 않았기 때문이다.

고생스럽고 노력은 해야지만 그 가운데서 목표를 성취하고 본인

삶의 원리를 돌아보다

과 가족들을 위하여 생계를 해결하고 어느 정도의 즐길 여유를 확보하는 단계는 그 책무를 다해야 하는 것이다. 책무를 다하는 과정에서 보람도 찾고 긍지도 가지는 긍정적인 면을 부각하고 이왕이면 즐겁고 신명 나게 일하는 부문도 즐겼으면 일로 인하여 스트레스 오는 것을 많이 줄일 수 있다고 본다.

나를 연마하는
스트레스 해소 방법

인생은 어려운 일들도 오로지 노력을 다해야 하는 것을 요구한다고 이해한다.

스트레스도 개인의 특성에 따라 반응과 감내하는 정도가 조금 다를 수 있지만, 바른 노력 여하에 따라 스트레스도 크게 어렵지 않게 극복하고 살아갈 수 있다는 것을 경험한 토대에서 나누고자 한다.

그동안 우리 사회에서는 각종 명상법과 여러 가지 방법들이 많이 나와서 스트레스 해소에 도움을 주고자 했었다.

그중 하나의 방법으로 명상법을 들 수 있는데 필자도 어느 단체에서 실행하는 명상 훈련 체험을 하였다. 그것도 짧은 시간도 아닌 8여 년을 훈련했었다. 프로그램의 단계에 맞추어 명상을 했었다. 물론 그때 거기에서 도움을 받은 건 적지 않았다.

명상 방법에 따라 차이는 있지만 얼마간은 스트레스를 줄일 수 있었다. 하지만 일상생활을 하면서 매일 짬을 내어 명상 시간을 갖

기엔 어려움이 있었다.

하지만 그때의 경험과 효과는 지금도 자산이 되었다. 그 축적된 경험은 최근 일련의 자연 원리 등 배움의 과정에서 삶의 원리에 관한 공부와 경험을 하게 되는 데에도 도움이 되었다.

거기서는 의식확장을 내용으로 하는 프로그램을 단계별로 설정하여 구성하고 명상하도록 지도하였다. 그 프로그램을 이수하고 다른 공부도 입력하고 경험하고 나니 모든 가르침이 하나로 이어지고 통하게 됨을 지금은 알 수 있는 상태이다.

인간의 의식은 자기가 흡수해 오는 정보에 의해서 정보를 받아들인 만큼 유지되고 확장도 되는 것을 알았다. 그 정보는 인간의 오감과 뇌로 들어와서 인간 내면에 축적되고 그 내면에서 부단히 저장과 정렬되고 자기 나름대로 해석하고 주관이 되어 외부로 또 나오고 하는 작용이 지속되면서 인간의 사고에 의한 행동이 표출되는 것이다.

이 과도한 스트레스도 결국은 자신이 그 환경을 받아들이고 소화하지 못할 정도로 인식되니, 더 걱정하고 걱정에 걱정을 더하면 회피하려 한다. 하지만 사회환경은 우리가 회피하도록 두질 않는다. 어떤 체계에서는 그것을 하도록 설계되어 있는데, 본인이 그걸 원활히 수행해 내지를 못하니까 본인은 주위의 사람들에게 평가를 낮추어 받게 될까 근심하고 의욕이 없어지고 스스로 불만족하면서 자책하는 방향으로 몰아가고 어디로 탈출해야 하는 지점을 막아 버리는, 즉 부정적인 사고로 치닫게 된다.

고민이 더하여 정신적으로는 우울하고 희망이 없고 하는 사이 육체적으로도 식욕도 떨어지고 먹어도 소화도 안 되어 복부가 팽만해지고 위장이 더부룩 갑갑하고 먹은 게 별로 없으니 변비 증상이 생김을 관찰할 수 있다.

스트레스 상태의 지속은 긴장되고 생각과 마음이 위축되어 이와 동시에 우리 육체를 순환시키는 기운의 약화와 정체이다. 어떤 생각과 마음의 자세는 기운의 흐름과 연관이 있고 기운의 흐름은 육체의 작용과 연계되어 있다. 이러한 부정적인 상태의 지속은 인체 내 기운의 순환이 막혀서 기능이 원활하지 못하게 된다.

불면과 우울증이 오니 정신건강의학과에서 진료를 받고 신경안정제와 항우울증 치료제 약을 처방받아 복용하였다. 약을 복용하면 잠은 잘 수 있었지만 숙면하진 못한 기분도 느꼈다.

소화가 안 되고 복부가 팽만한 증상으로 한의원에도 가봤다. 배 부위에 침도 맞고 뜸도 뜨고 기혈을 순환시키는 요법도 받아 보았고 약한 기운을 보강하기 위하여 약제를 달여 복용도 하고 해 보았다.

이러한 치료는 조금은 도움이 되었지만, 근본적인 해결은 되지를 못하였다.

삶의 원리를 돌아보다

◆ 의식의 확장으로 품성을 넓혀 대응능력을 높게 배양한다

인간의 의식은 가만히 놔두면 그대로이거나 좁아질 수 있다. 그러나 바른 방법으로 노력하면 확장하여 성장할 수 있는 것도 알았다. 평상시에는 제 몸뚱이만 한 의식이 있을 때도 있다.

의식은 비물질적인 영역이다. 왜 비물질을 강조하느냐 하면은 사람은 보이는 물질을 계속해서 보고는 그만큼의 생각만 하기 때문이다.

그러므로 보통의 통상적인 의식으로는 사회생활에서 환경적으로 다가오는 그 상황에 적응하며 얼마간 스트레스를 겪는 경우가 많은데, 이때를 대비하든지 당면해서 적응 기간을 줄여 과부하 기간을 줄이기 위해 평상시에 적어도 이런 정보를 알아두고 교육과 훈련이 있었으면 한다.

즉 삶에서 어느 특정한 연령대나 어떠한 기간만 의식확장을 교육 훈련하기보다는 사는 동안 지속적으로 하는 게 좋다고 보는데 30대 중후반이나 40대 초에 어느 정도 기초적으로 교육과 훈련하는 기회가 있었으면 한다.

그러나 현재까지 쉽게 접할 수 있고 보편적으로 체계적으로 갖추어진 프로그램이 없었던 것은 사실이다.

주요한 의식 확장 내용을 간단히 살펴보면
- ○ 나 자신(몸뚱이)부터 시작해서
- ○ 주위의 이웃과 산과 들 등 자연환경

○ 지역사회와 자연환경

○ 시·도 단위와 자연환경

○ 한반도의 산맥과 강줄기 등 자연환경

○ 아시아 지역 각 나라들을 뭉쳐서

○ 지구 전체 - 하나의 공만 한 크기의 지구

○ 우주공간으로 태양계로 - 지구, 태양, 달, 목성, 토성

○ 은하계로 확대 - 보이는 은하계 모두

○ 끝도 없는 우주공간 - 보이는 공간과 보이지 않는 끝도 없는 우주

앞과 같이 단계적으로 생각의 의식을 넓혀나가는 훈련이 있으며, 시간적으로 의식을 확장하는 훈련은 다음과 같다.

○ 탄생 이전 하나의 암흑인 우주에서

○ 억겁의 시간 후에 빅뱅으로 우주의 에너지가 마찰과 뭉쳐 폭발되어 물질의 생성으로 보이는 세계의 탄생

○ 유·무를 포함해서 총망라된 무한대의 우주 전체

이러한 단계와 유무의 세계를 알고 훈련하면 지금 내가 겪는 사안은 아주 작게 의식되어 자연스럽게 극복하는 과정으로 넘어가는, 스트레스를 거의 받지 않는 훈련이 될 수 있다고 본다. 건강한 가운데 인간이 제 할 일을 다해 나가면서 태어나서 인생을 바르게 살아갈 수 있는 최선의 방법을 찾고 그렇게 되는 길임을 나누어 본다.

삶의 원리를 돌아보다

이러한 현재의 나의 의식을 확장하는 훈련의 효과를 하나의 예로써 비유해 보면, 어린 시절에 친구끼리 소꿉놀이 장면을 연상해 본다.

그 시절 소꿉놀이 장면에서 어느 한 어린이가 다른 어린이의 말을 들어주지 않거나 손해 보는 행동을 할 때의 다툼이 발생하면, 서로 싸우거나 마음대로 되지 않을 때는 울음을 터트려 하소연하기도 한다.

이러한 장면을 어른의 시각으로 볼 때는 결코 하찮고 싸울 거리도 되지 않음을 알 수 있다. 그래서 어른들의 시각에서는 어린아이들이 조그만 일의 상태에서 티격태격하고 토라지고 하는 상황이 일과성이고 조금 더 크면 싸움이 일어나지 않을 상황으로 판단한다.

어린이의 시각과 차원과는 달리 어른들의 시각과 차원이 확연히 높고 넓어서 그 정도의 상황으로 다투거나 싸우는 상황이 발생하지 않음을 비유로 들어본다.

이렇듯 우리는 세상일에서도 우선 자기의 의식 수준을 높여 다가오는 주변의 환경과 일을 추진함에 부담스럽지 않고 부담스러움으로 인하여 스스로 애로를 느껴 스트레스를 받지 않도록 하는 일련의 노력이 필요하다.

보이지 않는 세계인 기운적으로 풀어보면 그만큼 훈련함으로써 기운 즉 에너지가 강해졌다고 표현해 본다.

그러므로 이 단락에서 결론은 세상에서 자신이 담당하고 다가

오는 환경을 무리 없이, 큰 스트레스 없이, 유연하게 해결해 나갈 방안은 **나의 의식을 키워나가는 방법도 있음을** 제시하여 본다.

    나의 의식을 키워나가는 훈련은 공간적으로 그 범위를 확장하는 것도 있지만 그 범위를 넘어서는 것이 또 있다.

    그것은 우리 인생에서 40대를 넘어서면서 그 이전까지는 나의 입장, 생업, 수입만을 고수하며 살아왔다면 이제 그 가치 기준을 더 확장해야 할 때가 온 것이다.

    평상 삶의 경우 사실 이러한 삶의 명제를 우리는 삶의 어려운 과정을 겪으면서도 왜 어려운지 잘 모른다. 그냥 인생은 고통과 희로애락이 보편적으로 오는 당연한 과정이라고만 생각할 뿐이다.

    그렇지만 다시 생각을 전환해야 함을 일깨워 주는 것이 삶의 어려움이다. 인간이 완전하고 완벽하지 못하기 때문에 우리가 삶을 보면 어느 사람은 경제도 가지고 있고 건강도 있고 평안하고 편안한 듯 별 어려움이 없는 듯 보이지만, 그 속을 들여다본다면 어느 부문에는 한두 가지 어려운 점이 없는 사람이 없다는 사실을 다시 알아야 할 것이다.

    사람은 삶의 이 자체가 육체적인 생명이 유한하다는 공통의 명제를 누구도 빠짐없이 예외 없이 가지고 살아가고 있기 때문이다.

·11·

삶에서 인연 원리

부모와 자식 간의 만남

모든 생물은 자립할 때까지 제일 가까운 인연으로부터 도움을 받는데 인간은 그 기간이 다른 동물류보다 많이 길다. 굳이 숫자로 표현을 해보면 태어나서 7세까지는 부모나 인연으로부터 100~80% 정도 그 보살핌을 받아 커 나가고, 초등학교 입학 이후 연령이 더해감에 따라 이제 본인의 의사로 사고하고 행동하는 비율이 높아져 간다.

성인이라고 보는 21세 정도에는 본인의 자율범위가 70% 정도에 달한다. 나머지 30%는 아직 경제적인 독립이 되지 않기 때문이다.

육체적 성장이 어느 정도 되고 사회생활에 접어들어 직업을 가지면서 그 생활 노력의 반대급부로 직접적인 수입이 생기면서 그 자율성은 100%로 나아가는 것을 알 수 있다.

여기서 한번 되돌아 고찰을 해 보면 부모와 자식 간의 의무와 권리는 혈연으로서 자연으로부터 부여받는다. 본인의 의지로 선택할 수 없이 자연에서 부여하는 대로 인연을 마주하고 응접한다.

삶의 원리를 돌아보다

인연 간에는 의무와 권리가 내재되어 만나지는 게 자연의 원리다. 다른 인연보다 부모와 자식 간의 의무와 권리가 제일 깊다는 것이다.

이러한 하늘이 부여한 조건 외에는 더 다른 조건이 없는 무조건이다. 부모는 자식을 낳고 키우고 교육하는 데 온 정성을 다 쏟는다. 여기에는 마음으로 우선하여 정성을 쏟고 물질적으로 필요하고 경제적인 소요가 있는 내용은 능력 되는 대로 투입한다.

이러한 부모와 자식 간의 서로 해야 할 의무를 관찰해 보면 시기적으로는 쉽게 알 수 있듯이 보모가 먼저 의무를 해야 한다는 것은 자명하고 어느 정도 후에는 자식이 부모에게 의무를 행해야 한다. 이렇게 자연적으로 구조가 그렇게 되어 있다.

그러면 의무의 질량적인 내용을 고찰해 보면 수치를 넣는다는 게 너무 계산적이라 생각은 되겠지만 전체를 100%로 수치를 개입하여 가늠한다면 부모와 자식 간의 100% 질량 중 2/3 질량의 정성과 노력으로 자식을 뒷바라지하고 키워야 하는 것이다.

옛말에도 이미 회자되고 있었던 사실을 우리는 알고 있었다. 그 내용은 내리사랑이라고 먼저 자녀를 위해서 키움의 노력을 하는데 그 분량도 부모가 2배가 넘는 용량을 투입해야 한다는 것이다.

아마도 부모와 자식 간에는 거부하거나 거절하지 못하는 세상 어느 곳보다도 제일 질이 높게 거의 절체절명의 의무를 행하여만 하는 구조이다.

부모는 자식을 키우면서 한창 예쁠 때 눈에 넣어도 아프지 않다고 표현한다. 그러니까 자식에게는 능력이 닿는 한 무한정의 애정과 뒷바라지를 하는 것이다.

여기에는 부모와 자식 간이라는 외의 조건은 없는 것이다. 부모는 이렇게 자식이 성장하여 독립할 때까지 최선을 다하는 게 보편적인 인간사이다.

그러면 이렇게 받은 자식은 어떤 형태로 부모에게 갚는 의무를 해야 하는지 한번 보면 우선 첫째로 육체적으로 성장할 시기에는 큰 질병이나 사고가 나지 않고 무탈하게 잘 커 주는 일일 것이다.

자식이 어떠한 질병에 노출되거나 조그만 한 사고라도 날 시에는 부모의 마음은 매우 노심초사할 수밖에 없다. 그래서 부모는 우선 자식이 안전하게 성장하도록 주변 환경을 최대로 정비하고 보호할 수 있도록 집중적으로 노력한다.

어린 시절에는 아직 분별이 서지 않아 부모가 일거수일투족을 따라다니며 적극적으로 보호해도 눈 깜짝 할 사이에 어떤 위험에 직면하거나 손상을 입는 경우를 많이 보아왔다. 이러한 영유아 시기를 거치면서 무사히 육체가 성장하는 것이 일차적으로 부모의 노력에 보답하는 길이다.

그다음으로 보답하는 방식은 자녀가 성년이 되면서 사회로 나가서 생활하는데, 이제 독립적인 생활을 하는 것을 말한다. 사회에 나가면 가정과 학교와는 달리 자기의 직업을 가지고 경제생활을 하며 새로운 환경에서 인간관계를 형성하고 교류하면서 자아의 가

삶의 원리를 돌아보다

치관과 신념이 축적된다. 이때 부모는 자식이 사회 보편적인 위치에서 무난하게 적응하면서 독립적인 생활을 해 주기를 기대한다.

한발 더 나아가면 자녀가 더욱더 배움의 길을 고도로 높여 본인의 월등한 배움의 결과로 사회에서 더욱 진취하여 많은 사람들과 잘 어울리고 더 나아가 사회에 공헌하는 역할을 함으로써 사회구성원으로부터 칭송과 존중을 받고 그 이름이 많이 자랑스럽게 회자되길 바란다.

그럼으로써 부모는 자식을 낳고 키운 보람을 느끼며 기쁘고 자랑스럽게 느껴질 것이다. 이렇게 함으로써 부모와 자식 간에는 서로 간의 의무를 행하고 서로 간의 보람을 안겨주는 현상으로 다가오고 그 인연 간의 할 일을 하게 되는 인연 간의 표본이 될 것이다.

자연의 원리는 이러한 부모와 자식 간의 인연을 부여해 놓고 거기에서 어떻게 서로 간의 도리와 상생하는 척도의 표지와 가는 길을 아주아주 말없이 보여주는 사건을 내놓도록 한다.

부모는 무조건 사랑하게끔 하고 인간적인 수준으로 바라보자면 세상의 어디에도 이만큼의 수준으로 대하는 것은 없도록 하는 현상을 바라보고 직접 행할 수밖에 없는 관계 인연을 보여주는 역할을 하도록 한다.

여기에서 우리가 정신적으로 성장하기 위한 마음가짐은 무엇일까?

자연은 기본적으로 부모와 자식 간 무조건적인 관심과 행을 실천하도록 만들어 놓았다. 그렇게 함으로써 내 앞의 어떤 인연에게라도 그렇게 마음을 먹어야 한다는 취지를 일깨우도록 하는 앎의 기초를 준 것으로 사료된다.

우연이든 필연이든 나에게 밀접하게 다가온 자연에서 점지된 인연을 우리는 다른 무엇보다도 매우 특별하게 대우한다는 것이다.

이렇게 하나를 볼 때 인식이 우리를 그렇게 만들었다는 것을 부정하지는 못한다.

어떤 인연에게는 특별한 대우를 받고 그 이외에는 그렇게 특별한 대우를 받지 않은 보편적인 존재로만 인식된다. 그러나 자연은 하늘은 태어나는 인간 즉 인간 기운은 모두가 다 그렇게 귀하고 귀한 소중한 존재이기에 어떠한 차별이 없이 공평하다는 것이다.

다만 공평이라는 말이 어떠한 공과를 불문하여 공평이 아니라 개체적인 인의 기운 존재가 삼라만상에 태어난 이후에 아니면 저 세상에서 존재했을 때 어떠한 작용을 했느냐 과정에 따라 그에 상응하는 결과가 주어진다는 것을 말한다.

인간 기운 개체끼리도 서로 돕고 상생하는 관계일 때는 어느 정도 풍족하고 상처도 없지만, 인간 기운끼리 상충하고 헐뜯고 하는 모순적인 행태를 행한다면 그 필연은 바람직하지 않은 인간 삶의 고통이 따른다는 결과에 직면할 뿐이다.

삶의 원리를 돌아보다

직장과 사회생활 원리

사회 중에서도 직장생활의 원리는 사람이 살아가는 데 필수 불가결한 요소인 의식주 해결이다. 의식주 해결을 할 수 있어야만 이제 막 사람다운 평가를 받는다. 그런데 근래에는 주택의 해결이 그리 만만하지 않다.

어쨌든 의식주 해결을 위해서는 회사조직에 속하거나 자영업을 하는 등 경제적인 수입을 획득하여야만 하는 게 우리의 인생길이다. 경제적인 수입을 얻기 위해서 사회생활에 입문하게 되는데 그 경로가 그렇게 호락호락하지만은 않다.

직장 등 사회생활을 하다가 보면 내게 호의적인 일만 있는 게 아니다. 때로는 싫은 소리도 들어야 하고 명령도 지시도 따라야 한다. 무슨 힘이 작용해서일까? 그건 바로 재화 획득의 반대급부가 있어 그렇다. 이것이 바로 사회에서 자연의 원리이다.

그러면 사회 조직 속에서 어떠한 자세로 살아가는 것이 올바른 방향일까? 서로를 위하는 방향으로 살아가야 하는지, 아니면 나만을 위해서 살아가면 그만일까?

아마도 그 답의 결과는 사회구성 조직원 중에서 어떻게 살아가는 것으로 표시를 해 준다. 어떻게 표시를 해주느냐 하면 어렵게 지내는 걸로 표시가 난다고 말할 수 있다.

어렵다는 것은 물질 세상에서 경제적으로 표시가 나고 주변 여건과 환경에서 입지가 차이가 난다고 표현할 수가 있다. 물질이 최상의 가치라는 뜻은 아니지만 물질세계에서는 물질이 경제가 풍성한 상태가 어려움이 덜한 상태일 것임은 자명하다.

인간이 사회적인 조직적인 생활을 영위하는데 오로지 본인만을 위주로 생활한다면, 즉 주변을 이해하지 않고 내 기준을 더 강조하고 살아간다면 주변의 입장을 밀어내는 현상을 가져온다. 그 과정에는 필시 상대와 주변과 마찰을 일으킬 것이고 그 마찰하는 현상은 천지에 존재해 있는 기운 중 일부를 탁하게 만들게 된다.

결국 내가 생산한 탁한 기운은 나와 관련된 모든 관계 형성에 부정적인 결과로 나타난다. 그 용도만큼 탁한 기운이 내 주변에 모여들어 내 육체의 기운 형성에 영향을 끼친다. 그 용량이 점차 쌓여가면 결국 탁해진 기운만큼 내 환경이 원활하지 못해 어렵게 되는 원리이다.

환경이 어렵게 되기도 하고 내 몸이 어렵게 되기도 하여 정상적인 사회생활도 어렵게 되면 여기서 찾아가야 할 곳은 어디인가?

대표적으로 다가오는 어려운 환경은 경제가 어려워지는 현상이다. 경제가 어려워지면 정상적으로 사회활동 하는 것을 축소하여야 하고, 그만큼 행동반경이 좁아져 내 주변의 인연 관계도 축소된

삶의 원리를 돌아보다

다. 내가 접촉하면서 살아야 하는 내면의 양식도 줄어들어 내 내면의 성장과 발전이 되지 않게 된다.

내면의 성장 발전이란 나의 내면 사고와 의식이 고정되지 않고 자연이 바라는 방향으로 나아가는 것이다. 이는 개인마다 어떠한 특성을 가지고 태어나고 또는 살아가는 중에 어떤 분야를 깊이 습득한 특별한 기능을 타인을 위해 쓰고 살아가도록 하는 원리가 있기도 하다.

이에 대한 방법으로는 책을 통하여 흡수하는 길도 있고, 종교의 가르침을 통하여 알아가는 방법이 있고, 선지자들의 가르침을 통하는 길도 있다. 일반적으로는 직장에서 상사나 동료 등으로부터, 친구나 가족 친지 등 자주 대하는 인연들로부터 이야기나 행동 형태를 듣고 보고 교류하면서 내면의 기운(에너지)을 주고받고 하는 작용을 하면서 기운을 순환하고 상생하도록 자연은 운용하고 있다.

만일 우리가 사회에서 본인의 주장만 하고 다른 사람들의 말이나 의견을 무시하고 아예 듣지도 않고 차단하거나, 부정적으로만 생각하는 행태를 장기간 고집하면, 어느 임계점에 다다르면 육체의 어느 부분 중 가장 약한 부위가 원활하게 순환하지 못하고 막히게 된다. 막하면 정체가 발생하고 정체가 발생하면 그 지점에서 질병이 발생하는 하나의 원인이 되는 것이다.

이렇듯 기운은 지속적으로 순환하고 운행되는 것이 순리이다. 기운을 지속적으로 잘 운행되려면 내 앞의 인연과 부딪히지 않고 서로 이해하고 악감정을 가지지 않고 우선 이해부터 하려는 노력으로 대해야 한다. 나부터 이해하려고 노력한다면 상대도 그렇게 노력할 것이다. 우선 나부터 상대를 이해하는 자세로 대한다면 서로 갈등이 발생하지 않을 것이다.

그럼에도 만일 어느 개인이 주변으로부터 "당신은 이러이러한 면을 좀 개선해 주면 좋겠어"라는 말을 들어도 "나는 원래 그랬어"라고 입장을 고수한다면 그건 주장이 되고 그건 애초부터 노력이 없는 것이다. 즉 본인의 변하지 않는 고집쟁이로 남아 일정 기간 후에는 아마도 주변 모두가 어려운 환경이 될 것이다.

평상시 생활하면서 주위에서나 가까운 인연이 무심코 나에게 툭툭 던지는 말들이나 충고가 있는데, 그 말은 자연에서 그 인연으로 하여금 나를 바르게 안내하는 역할이라고 이해하면 좋겠다.

우리가 어렵지 않게 살아가려면 그 출발은 탁한 기운을 생성하지 않아야 함을 깨닫고 나부터 고치고자 하는 순방향으로 살려고 노력하는 것이 바른 노력일 것이다.

삶의 원리를 돌아보다

부부인연과 가정의 원리

사춘기를 지나고 성인이 되면 본격적으로 음과 양의 에너지가 왕성해진다. 음과 양의 에너지는 당기는 원리로 서로에게 관심도가 높아지고 기회가 주어지면 급속히 다가가게 한다.

20대와 30대에 주변의 소개나 우연한 기회에 이성을 만나 비슷한 생각과 공통점을 발견하면 급속히 가까워져 마음을 열고 교제하는 경험을 한다. 그런 다음 사회적 관습으로 나이가 혼인 시기라면 본격적으로 인생 동반자의 파트너를 만나고 결혼을 해야겠다는 마음을 굳힌다.

그러면 서로에게 배우자는 어떠한 존재일까.

처음 만날 때는 서로가 급격히 관심을 주고받고 상대방으로부터 사랑과 관심을 받기를 희망한다. 마음에 드는 이성의 관심을 받기 위해 감정이 앞서고 또 이성적 판단도 섞여서 에너지를 쌓아 간다. 서로가 마음이 맞으면 같은 공간에서 살아가는 선택을 하게 되는 것이다.

남녀가 자연스럽게 만나서 살아가는 게 대부분이라지만, 살다 보면 처음 만날 때와 달라진 모습에 실망하고 불협화음을 내기도 한다. 물론 아주 정겹고 서로 존중하며 잘 살아가는 부부도 있지만 그러지 못한 경우도 상당한 숫자에 이른다. 어긋난 관계를 개선해 살아갈 방법은 없는지 한번 생각해 보면서 풀어보고자 한다.

현재 갈등과 불협화음으로 살아가는 부부인연에 조금이라도 더 나은 방법이 있다면 좋겠다 싶어서 한번 나누어 보고자 한다.

부부간의 인연은 무촌 관계이므로 가장 가깝고도 그 반대라면 가깝지 않은 상태일 거다.

많고 많은 사람 중에 이성 간의 만나는 인연은 그리 많지는 않다. 그렇지만 그 인연 중 각자는 선택해야 하는데 다가올 때도 인연 비율이 나에게 적합한 인연이 30% 정도, 그저 그런 게 40% 정도이고 그다음이 정말 맞지 않는 경우가 30% 정도로 온다고 보면 좋겠다.

부부인연 간 만날 때 어떤 수준으로 만나야 할까? 물론 나에게 적합한 인연 30% 중에서 선택하면 이상적이겠지만 우리는 그걸 잘 모른다.

여기 30% 중의 인연이란 서로가 생각하는 추구하는 삶의 방향과 살아가는 생각과 수준, 성격 등 총괄해서 30% 이내 정도의 차이를 말하는 것으로 일단 조금은 다르지만 노력하면 좁힐 수 있는 정도라고 생각하면 좋겠다.

삶의 원리를 돌아보다

일단 서로에게 적합한 인연이 되려면 부부가 되려고 할 때 인생에서 추구하는 방향을 알아봐야 한다.

대부분은 지식이나 경제 수준이 크게 차이가 나지 않는 범위에서 만난다. 그러나 어떤 이는 이 점을 많이 알아보지 않고 상대의 꿈이 무엇인지 듣는 정도로 끝내면서 균형의 범위를 벗어난 배우자 인연을 맺는다. 이런 관계는 얼마간 지난 뒤 불균형에서 오는 바람직하지 않은 결과를 낳는다.

우리는 어떤 인연을 만나더라도 조금이라도 덜 갈등하고 덜 다투는 걸 추구해야 한다. 부부인연은 처음에는 그저 좋은 감정이 앞섰다가 결혼 생활을 하면서는 차츰 상대방을 더 알아가는 과정을 거친다. 이 과정에서 이제까지는 발견하지 못하였던 점들이 보이기 시작한다. 나와 같은 것들이 있기가 만무하다. 이러한 이질적인 부분들을 어떻게 보고 어떻게 대응해야 하는지 곰곰이 생각하고 지혜롭게 풀어가야 한다. 결혼 초기에는 이런 이질적인 요소를 이해하고 풀려고 하지 않고 나한테 맞지 않는 것은 하지 말아 달라고 요구하는 것부터 시작한다. 상대도 본인 하던 습관대로 하려 하니 여기서부터 갈등이나 다툼이 시작되는 것이다.

그러나 부부인연이란 어차피 서로에게 다른 점이 있을 수 있는 요소를 가지고 결합한 것이니 갈등이나 다툼이 거의 없을 수 없겠다. "있을 수밖에 없다는 점"을 인지하며 출발하면 좋겠다.

그러면 자연에서는 부부생활에서 어떤 원리의 법칙을 넣어 놓았을까? 이 기본적인 원리를 우리는 알아야겠고 그 원리를 참고하여 부부생활을 하면 지금보다는 훨씬 더 보람 있게 잘 살아갈 수 있겠다.

　자연은 인연과 인연이 만나는 데 서로가 상대에게 필요하도록
하였다. 그 필요에 의해서 만나고 지내는 걸 원리로 만들어 놓았
다. 그러면 그 만남으로 인연을 알고 더 나아가 더 가깝게 친밀하
게 지내도록 하였다.

　지내는 동안 상대의 노출된 개성을 받아들일 것인가, 고치도록
할 것인가를 고민하며 서로 보완하며 다듬어 간다. 이러한 패턴으
로 인연이 운용되는 원리를 들여다볼 수 있다. 그렇다면 상대와의
차이가 30% 정도 이내라면 조금 무난한 관계라고 판단하면 좋겠
다.

　이러한 현상을 전제하고 결혼이란 인연 관계를 풀어보면 처음
만나서는 서로가 내면에 들어있는 일부분만 내놓아 상대가 받아
들이는 데 문제가 되지 않는다. 그렇지만 같이 생활하는 시간이
더 흐르면서 내면에 숨겨놓았던 굳은 습관들을 조금씩 표출하면
상대방은 거기에 대해 반응하게 된다. 이 굳은 습관들은 내어놓기
가 어려운 부분이 있는지라 늦게 나오는 것이다. 대체로 상대방이
쉽게 적응하고 무난하게 대해줄 수 없는 습관이다. 이때부터 본인
의 입장에서 상대에게 요구하게 된다. 한쪽에선 나에게는 맞지 않
으니 그 습관을 수정하고 고치라고 요구할 것이고 한쪽에서는 별
거 아닌데 그냥 수용하라고 요청할 것이다.

　이런 갈등을 긍정적으로 푸는 가장 이상적인 해결책은, 상대방
이 불편해하는 내 습관을 수정하려고 노력하고 상대방도 고맙게

생각하며 본인도 불편을 주는 점을 고치는 것이다. 쉽지 않겠지만, 인간 생활의 가장 큰 부분인 부부인연에서 가장 바람직한 방법이다.

여기에서 노력이란 상대방이 불편하다는 토로를 해소해 줄 나의 바르지 못한 습관을 50% 이상 또는 70% 이상을 고치는 것이다. 쌍방이 마찬가지이다.

이와 달리 상대의 습관에 대한 불만을 표출했을 때 그 요구를 무시하고 개선하는 노력을 하지 않는다면, 그 습관으로 말미암아 계속 갈등하고 스트레스를 받는다. 이때는 이해하려고 노력하다가 되지 않아서 수정하라는 요구를 포기하면 그나마 괜찮은 상태를 유지할 것이다. 그러나 불편을 반드시 개선하겠다는 의지를 고수한다면 긴장 상태가 지속되어 갈등과 불만이 쌓일 것이다. 이러한 예를 우리는 성격 차이라고 표현하는 것 같다.

만일 양쪽 다 서로에게 불편한 습관과 생활양식을 내놓거나 한쪽에서만 강하게 내놓을 경우가 있는데, 어느 정도 시간이 흘러도 전혀 들어줄 노력을 하지 않거나 또 요구하는 상대도 수용하거나 포기하는 게 어려울 정도가 된다면, 이 둘의 관계는 갈등 정도가 단시간에 심하게 표출될 것이다. 이렇게 하면 결국 둘의 사이는 지속하기 어려운 정도가 되고 관계 유지를 포기하는 수준으로 되어 결국 헤어지는 수순을 밟게 되는 유형이 될 것이다.

그래서 만남의 초기부터 서로 다름의 차이가 50% 이상일 경우에는 노력이 더 많이 요구되는데 그걸 알고 개개인은 신중하게 진행하여야겠다.

　최근에 세계적으로 이혼율이 미국의 53%, 프랑스 55%, 체코 66%, 최고로 벨기에가 71%를 나타내고 있다. 대한민국은 이혼율이 2013년 35%에서 2020년도 50%로서 다른 국가들과 거의 비율이 같아지는 추세를 보이고 있다.

　지금 시대의 결혼 풍습은 이전 세대보다는 결혼 연령이 높아졌고 자녀 수도 줄어들었다. 또한 결혼하지 않는 비혼주의자도 증가하고 있고, 결혼하더라도 자녀를 낳지 않겠다는 소위 딩크족도 출현하고 있다.

　근래의 이러한 현상은 사회 전반적인 환경과 관계가 있는 것으로 보인다. 물질이 고도로 발달한 사회건만 막 성인이 된 계층이 스스로 생업을 할 수 있는 능력과 기회를 얻어 부지런히 활동하면서 배우자를 만나 가정을 꾸릴 수 있는 경제력을 확보하기 어려운 상황이 이러한 노력을 포기하게 만든 것으로 추정된다. 그러나 이 세상은 이렇게 해도 저렇게 해도 시간이 지나면 늙고 쇠퇴해 가는 과정을 겪기 때문에 하나의 결혼에 대한 자연의 원리를 설명해서 한층 더 나은 삶을 살아가기를 바라는 마음이다.

　결혼은 인생의 동반자를 만나 삶을 영위해 나가는 경로이다. 동반자란 배우자를 만나서 가정을 꾸리고 서로 인성의 성장을 돕고, 또 새로운 생명을 탄생시키며 그 새로운 생명과 마주하며 밑거름으로서 역할을 다하는 순환의 과정이라고 본다.

　　　　　　　　　　　　　삶의 원리를 돌아보다

그래서 배우자를 맞이할 때 서로의 특성에 잘 맞게 만나는 것도 여정의 과정을 충실히 하고 서로의 역할을 순기능으로 하기 출발을 좋게 하여 자기의 역할을 올바르게 다해야 한다.

물론 아무것도 생각하지 아니하고 살아가다 그때그때의 문제가 발생했을 때 그 시점에서 최선의 방법으로 풀어 나갈 능력과 노력이 있다면 별다른 생각 없이 출발하면 된다. 하지만 현재 너무나 그렇지 못하다는 반증을 볼 때 경험과 자연의 원리를 세밀히 살펴 고난을 덜 하고 결혼의 삶을 영위하는 것이 좋지 않겠는가.

우리가 어떤 상황이 닥칠 시 미리 연마하고 품성을 넓혀 놓는 노력을 한다면 어려운 상황에 직면하지 않으면서 오히려 즐기면서 인생의 여정을 갈 것이기 때문이다. 그래서 부부간은 우선 관계 설정이 중요하다. 서로 존중하는 관계로서 만난다면, 배우자를 서로 아껴 줄 수 있는 마음씨와 능력을 보유하고 있는 유형이다.

어느 한쪽에서 일방적으로 이끄는 것이 아니라 어느 부분에서는 조금은 반 발짝 앞을 보는 리더를 하면서도 계속 서로에게 의논해 나가는 방식이 되면 좋겠다.

현세대는 배우자가 거의 동등한 친구 수준으로 만나서 가정을 꾸리는 경우가 많다. 아마도 최근의 자녀들 결혼 생활을 관찰할 기회가 있어 보았던바, 근래에는 남녀가 평등하게 사회에 나가 생업을 분담함에 가정에서도 가사를 공평하게 분담하는 경우가 보통 신혼의 상황이 아닌가 한다.

이때도 부부간에는 서로 간의 위치와 의무가 비슷한 상태이므로 어떤 일과 주제에 대하여 의논하고 약간 다르게 견해를 가졌더라도 상대를 이해해 나가고 맞추어 나가는 생활이 되면 그러한 과정에서 서로 노력을 인정하고 하는 노력의 즐거움과 그 과정으로부터 결과물을 하나씩 성취해 가는 행복이 찾아오는 원리가 있다고 말하고 싶다.

결혼생활을 자연의 원리에서 본다면, 인간도 음양이 있어 음과 양이 조화를 이루어 잘 살아가는 것이 개체인 자신들에게도 바람직하고 지금을 이루고 있는 공동사회에도 이로움이 될 것이다. 살아왔고 살아가고 있는 각 가정이나 개인을 둘러보고 하는 말들을 듣고 살아가는 양태를 보면 참 사람 수만큼이나 각자의 행태로 살아가는데, 별의별 양상이 이 세상에 이 세상만큼이나 존재해 살아가고 있다.

원론적으로 가정의 의의는 자연에서 인간이 살아가는 과정에서 가정을 이루어 살아간다는 것은 인간이 부모의 품을 떠나고 얼마간 살다가 하나의 외형적으로 다시 하나의 자기만의 공간과 독립체를 구성한다는 것이다. 둘이서 하나되기 위한 작은 출발점을 이루었다고 본다.

부부가 살면서 두 개체가 하나로 되어 그 속에서 가정은 외부에 공개되지 않는 공간과 문화를 전개하는 곳이다. 가정의 기능과 역할은 첫째 휴식의 공간이다. 인간 생활에서 휴식은 외부의 사회에 나가서 활동하고 그 기력(에너지)을 발산하고 소모하고 나면 육체적으로 정신적으로 피곤해진다.

삶의 원리를 돌아보다

이때 심신이 많이 피로해졌을 때 가정에 들어오면 긴장이 풀리고 쉬고 싶고 다른 복잡한 일을 잊고 쉬고 싶어진다.

가정에 들어와서는 세상에서 제일 편안하게 자세를 가지고 있어야 한다고 흔히들 말하지 않은가. 신체적인 편안함을 유지하고 묵상의 시간을 가진다. 에너지 충전의 시간을 가진다.

이러한 상황이 1차적으로 가정에서 심신의 충전 시간을 갖는 기능이다. 2차적으로는 영양 섭취라고 생각된다. 먹고 싶었던 음식을 또 만들어서 먹는다. 가정에서 조리해서 먹는 음식은 영양소와 함께 정성과 사랑으로 기운이 들어간 보양식임을 알았으면 한다.

실생활에서
자연 원리의 응용

일이 성사되는 노력과
시간 활용의 비율

자연의 운용하는 원리를 찾아보면 7대 3의 비율 원리로 운용되고 있다. 우리들이 선호하는 숫자도 7과 3으로 가장 호감이 간다. 7은 행운의 숫자로 흔히 회자되고 3은 세 번의 여유와 결정을 할 때라든지, 무슨 일을 고려할 때 세 번의 심사숙고라든지 등으로 표현한다.

그러나 더 자세히 알아보면 4:3:3의 비율로 운용되고 있다고 본다. 이 세상에 만물이 운용되고 있는데 그중에서도 자신에게 40%의 몫이 있고, 주변 환경이 30%의 몫이 있고 그것을 합치면 70%가 된다. 그러면 나머지 30%의 몫은 70%를 어느 정도 구비하면 자연스럽게 채워져 100%를 이룬다. 그래서 그 70% 중에서 나의 몫 40%가 선행되어야 한다. 내가 이루고자 하는 목표를 정하고 추진할 때 나 자신이 먼저 움직여야 한다. 그러지 않으면 아무것도 진행되지 않을 것이다.

직장에서 승진하려는 경우를 예를 한번 들어보면 승진이란 상위

삶의 원리를 돌아보다

직급으로 올라갈수록 그 보직의 자리가 좁아지는 형태이다. 그래서 경쟁이 되는 형태이다. 승진을 하려면 규정되어 있는 승진 소요 연수를 넘어서야 하고, 또 그 소요 연수 동안 평가를 잘 받아 두어야 한다. 그만큼 성실하고 지도력과 추진력이 있는지 이러한 경력을 평가받아 상위 직급에 올라가도 주위에서 이상하게 생각하지 않을 정도로 쌓아 나아야 한다.

물론 누구나 이러한 노력을 하고는 있다지만 그 노력의 차이가 존재한다. 그 차이가 나도록 더 노력한 사람은 승진에 필요한 여건 중 자신의 몫인 40%의 노력을 다했다면 주위의 인연 즉 상급자나 동료들의 입에서 그 대상자는 승진해도 모자람이 없다는 긍정의 세평을 내놓아 주변에서 알게 모르게 도움을 준다. 또한 보이지 않는 기운들도 표집하여 그 주변에 긍정의 분위기를 조성한다. 이 부분이 주변에서 도와주는 30%의 몫이다. 여기에는 보이지 않는 기운들도 명분이 있으므로 도움을 주는 것도 언급하고자 한다.

그러면 이제 결실을 맺는 것은 자연적으로 이루어진다. 이미 마련된 승진 규정이 30% 몫으로써 자연히 승진이란 일은 이루어지니 100%가 된다. 만일 이번 기회에는 이루지 못해 승진에서 탈락하더라도 그다음의 기회에는 부족한 부분을 채우면 이루어지게 되어 있다.

이러한 원리는 우리가 노력하고 성취하는 데 있어서 일정 기간이라든지 지속적인 삶의 과정에서 우선 가장 중요한 몫은 자신이 성실하고 진지하게 최선을 다하는 모든 노력이 40%를 차지한다. 그리고 알게 모르게 주변에서 도와주거나 우호적인 분위기 등 주변 환경이 30%를 채워주고 이러한 조건과 환경이 긍정적으로 같은 방향으로 병행이 되면 그 이후는 자연이 스스로 그런 방향으로 유도한다. 우리는 이런 단계에 가면 목표를 달성했다고 한다.

우리 사회에서 고대로부터 격언이 있었다. 그것은 바로 "진인사대천명(盡人事待天命)" 사람이 할 수 있는 일을 다 하고서 하늘의 뜻을 기다린다는 말이다.

사람이 할 수 있는 일을 다 한다는 것은 본인 바탕의 40%가 있으면서 그리고 주변의 지인, 환경, 모든 조건의 협조와 도움이 30%이다. 그러고 난 다음 하늘의 뜻이 내려져 진행된다. 내 스스로 정성을 다해 나가면 주변과 스스로 있어 운행하는 자연인 하늘께서 되게끔 한다는 뜻이다.

이 원리로서 우리가 살아가는 일상의 시간을 대상으로 살펴보면, 누구나 부여받는 하루 24시간 역시 4:3:3의 원리를 제시해 본다.

우리는 태어나면서 성인으로 독립하여 살아갈진대 그때가 되면 의식주(衣食住)를 해결하기 위하여 일을 하여야 한다. 일상 중 나의 생활 영위를 위해서 쓰는 시간이 40% 정도이다. 40% 정도를 시간으로 환산하면 9시간 정도가 된다. 보편적인 경우 생업의 현장에서 8시간은 일하는 시간이고 이동하거나 식사로 쓰는 시간이 1시간 정도이다.

삶의 원리를 돌아보다

그리고 또 30% 정도인 7~8시간은 잠을 자는 데 사용된다. 성인이 충분하고 필요한 조건의 수면 시간은 8시간 정도인데 이 잠자는 시간도 한밤에 숙면을 취하여야 전날에 쌓였던 피로를 말끔히 풀어, 다음 날 상쾌한 기분으로 하루를 시작해 생업 현장에서 능력을 발휘할 수 있는 것이다.

그러면 24시간 중 나머지 30% 정도인 7~8시간은 또 무슨 의미인가. 이 7~8시간은 그야말로 나의 자유의지대로 사용할 수 있다. 이 시간 동안 자신이 좋아하는 오락게임을 해도 되고, 술도 마셔도 되고, 내가 습득하지 못했던 부문을 보완하기 위해 학습을 하여도 된다. 중요한 것은 이 30% 정도의 7~8시간을 어떻게 운용하였는지에 따라 내 전체 삶의 질과 내용이 크게 달라질 수 있다는 것이다. 내 생활을 의미 있게 하기도 하고 아니면 아주 바람직하지 못한 결과를 가져오기도 하는 부분이다. 이 결과에 대하여는 각자가 상상해 주면 되겠다.

각각 어떠한 방향으로 운용하느냐에 따라서 많은 차이를 가져오는 시간이기도 하다.

돈의 쓰임에 대하여

평생 버는 수입을 지출하는 방식도 4:3:3의 원리를 적용할 수 있다. 총수입을 100으로 둔다면 수입의 40%는 내가 살아가는 데 필요한 것에 사용하는 몫이다. 의식주(衣食住)를 해결하거나 2세 교육 등으로 쓰인다.

그리고 30%의 몫은 내가 사회에서 활동하면서 쓰는 몫이다. 사회활동을 하면서 또한 친지나 친구나 선후배 등과 교류하면서 또 소요되는 금전이 필요하다. 이렇게 쓰는 금전인데도 이 부분을 간과하고 많이 모자라게 쓰거나 아꼈다가 순수 나의 자산의 축적 용도로 돌린다면 사회에서 어떤 평판을 가져올까? 어느 정도 예측이 가는 대목이다. 흔히 말하는 짠돌이라고 불리고 더 가서는 구두쇠라는 평판을 들을 것이다.

그러나 자연은 그것만으로 마무리하지 않는다.

예를 들어 비율적으로 아주 많이(50~70% 이상) 그렇게 쓸 곳에 쓰지 않았다면 그 비율 이상으로 본인도 무슨 까닭인지 모르게 그 재물을 내어놓게 만드는 게 자연의 운용 원리이다. 이러한 원리를

삶의 원리를 돌아보다

알았다면 어떻게 해야 하는지 더 이상 설명이 필요 없겠다.

그리고 100% 중에 남은 30%의 몫이 있다. 이 부문은 또 어떻게 쓰는 용도일까? 이 부문은 바로 내가 나를 성장시키는데 공부하는 용도로 써야 한다. 앞서 스스로 배우고 성장하는 많은 배움의 장을 찾고 그 방면에서도 교류할 때 투입해야 할 재화이다. 인간은 배움의 존재이고 배우고 성장시키고 인간 존재의 근원적인 물음과 어떻게 살아야 본분의 삶을 살아가는 존재인 것을 배우는 큰 가르침의 배움의 장에 나갈 때 이 재화가 쓰인다. 건강 분야에서 말한 영적 성장과 배움을 위해 경비를 쓰거나 어떤 배움의 장에 갈 때 소요되고 집행하는 비용이다.

사람이 이러한 배움의 기회를 적극적으로 가지지 않는다면 야생의 동물적인 행태로 살아가는 결과를 가져온다. 동물적으로 산다는 단적인 행태는 자기 욕구에 치중하며 그것을 쟁취하기 위한 힘의 원리만이 작용하는 수준일 것이다. 사람이라면 서로 싸우고 할퀴고 상대를 깔보는 곳에서 살고 싶지는 않을 것이다.

그런데도 또 여기에 투입해야 할 자금을 쓰지 않고 내 자산으로만 축적하고 모아둔다면 어떠한 현상이 일어날까?
인간으로서 살아가는 데 사회환경에 적응하기 어렵고 친구나 친지의 함께 살아가는 행로에서 고독하게 될 것이다.

재화 돈 그 자체로는 적재적소에 쓰이지 않았기 때문에 어떠한

형태로든 내 손을 떠난다. 떠나면서도 어떠한 상처로 인해 그 재화
가 투입되는 방법으로 떠나는 원리가 있어 재화나 돈도 아주 바르
게 쓰임새를 놓아야 하는 것이다.

삶의 원리를 돌아보다

• 13 •

죽음의 이해

죽음을 어떻게 받아들여야 할까

사람이 태어나면서 삶은 시작되고 일생을 살고 어느 순간이 오면 수명을 다하고 이 몸은 흙으로 돌아간다.

죽는다는 것에 대하여 필자가 맨 처음 의문을 강하게 가지고 지금까지 자연에 대하여 물어왔고 세상에 답해준 내용을 터득한 바를 이제 나누어 보고자 한다.

수명을 다하면 죽는다고 표현을 해왔다. 사실은 몸이 없어지니까 죽는다는 표현을 해 왔을 뿐이다.

어느 날 여러 사람들이 모인 기회가 있어 질문을 해 보았다.

지금 당신이 죽는다면 죽고 난 이후에 어떤 상태가 된다고 생각하는지요? 질문을 하고 3개 문항의 객관식에 대한 답을 들어보았다.

① 죽고 나면 아무것도 없을 것 같다.

② 죽고 나서도 무언가 있을 것 같다.

③ 잘 모르겠고 생각하지 않는다.

삶의 원리를 돌아보다

결과는 각각 30% 정도의 비율로 비슷한 분포로 답을 하였다.

그리하여 우리는 죽음에 대하여 굳이 잘 생각하지 않는다. 그것도 어쩌면 자연스러움일지도 모른다. 그냥 놔두면 되는 것이다. 어쩌면 그것이 매우 자연스러운 일이라고 본다.

사실이다.

다만 우리가 살아 있을 때 잘 살면 된다. 그런데 잘 살지를 못하는 게 문제이다. 최근에 웰다잉(Well-Dying)에 대하여 많은 관심과 공부를 하는 사람들을 볼 수 있었다.

웰다잉이란 우리 삶의 끝을 아름답게 마무리하기 위한 공부인데 먼저 죽음을 이해하고 건강하게 살다가 큰 고통 없이 이 세상을 떠날 수 있도록 도움을 주고자 하는 내용이다.

그래서 죽음이란 것을 먼저 잘 이해하는 것이 제일 우선되어야 할 것 같다.

인체를 탐구해 보면 이 우주 삼라만상에 나라고 하는 존재가 어떤 존재라는 것을 세상에 나와 있는 가르침을 받으면서 조그맣지만 스스로 조금씩 하나씩 터득해 나가게 된 것이다.

나란 인간의 존재는 이 육체와 내면에 인기(人氣 −精神, 靈), 마음과 의식으로 존재하고 있다고 이해한다.

인기(人氣)는 대자연에 존재하는 기운 에너지로서 육체가 살아 있을 때도 몸이 없어져도 대자연 어딘가에 존재한다고 본다.

육체가 있을 때는 내면에 있어 육체의 모든 감각기관을 비롯한 인식으로 활동한다. 이 세상에 와서 육체를 가지고 이 대자연에서 어떻게 존재하여야 하는지를 공부하는 차원이고 공(公)과 맑은 차원으로 성장해 가는 과정이라고 보면 좋겠다.

그래서 우선 사람들이 의문하고 조금 두려워하는 것이 없어지는 존재이고 죽음 뒤에는 어떻게 되는지 모르니 두려움이 있을 뿐이다. 또 가깝게 지내던 인연이 어느 날 갑자기 이 세상을 떠나면 애별리고(愛別離苦)로 그동안 쌓아왔던 감정으로 이별의 아픔을 겪고 삭이면서 어느 시간이 지나면 또 옅어진다.

그리고 소유하고 있던 유형의 모든 재산도 물건들도 그대로 놓아야 하고, 또 내가 소망하고 바라고 욕구하던 무형의 것도 놓아야 할 뿐이다. 이것은 집착을 놓으라고 하는 말이다.

그리고 죽음이란 단계를 어떻게 받아들이면 좋을지에 대해서도 보자면 죽음 뒤에 어떻게 되는지는 아기가 태어날 때를 떠올리면 참고가 될 것 같다. 아기가 탄생할 때 어머니는 산고의 진통 속에서 이 세상으로 나오게 하고 그 아기는 무언지 도무지 알 수 없이 태어나 부모와 자연의 적정한 환경조건에서 자라나는 것을 잘 알수 있다. 우리가 저세상 간다는 것도 죽어보고 온 사람이 없기 때문에, 이 세상에서 저세상으로 간다는 것도 아기가 태어나서 성장하는 이치와 같이 비유해서 이해하면 좋을 것 같다.

그래서 삶과 죽음의 바른 이치만 터득하고 살아서 바르게 잘 살려고 노력을 하여 삶의 바른 방향을 잡아서 최선의 노력을 다하여 살아가고, 이 몸이 없어지고 떠날 때는 살아 있을 때 물질의 세

삶의 원리를 돌아보다

상에서 있었던 모든 일체 즉 부와 명예도 바라던 바라는 바를 이루지 못함도, 상대를 불편하게 하고 나의 마음도 편하지 못한 앙금의 감정도 진심으로 잘못했다고 풀고, 병고의 아픔도 모두 놓고 떠나는 것이다. 그리고 이 몸이 없어지는 죽음 그 뒤의 진행은 대자연의 운행 질서에 맡겨 놓으면 걱정과 두려움은 하지 않아도 될 것이라고 본다.

• 14 •

자연은 간절한
물음에 답한다

이 세계는 어떠한
체계로 운행되는가

앞에서도 나눔과 같이 우리 인생과 각각의 삶들은 여러 행태로 살아가지만, 그 과정은 범주가 서로 크게 다르지 않다.

살아가면서 저마다 큰 애로사항이 없이 평안하고 행복하기를 바라지만 바라는 만큼 잘 이루지 못하고 오히려 숱한 번민과 고뇌와 여러 가지로 겪는 고충과 어려움이 있고 또 어느 때는 얼마간의 기쁨과 즐거움과 성취감이 있기는 하다.

바라는 대로 되고 좋은 것만 있는 것이 아니고 희로애락(喜怒哀樂)의 인생길이다. 어차피 인생은 이 물질의 세상에 태어나서 살아가노라면 어려움이 오는 것은 필연적이라고 본다.

아픔을 겪고 나서 성숙하고 고충이 있으니 해결하려 노력을 하였고, 그러한 노력도 단시간에 해결하는 것이 아닌 아주 서서히 알게 모르게 진행되었다.

그것도 그냥 가만히 있으면 절대로 진행되지 않는 크나큰 그리고 긴 시간을 들여야 조금씩 조금씩 알아가고 그 방향을 가늠할 수 있었다.

삶의 원리를 돌아보다

우리가 어느 지점을 목표로 출발한다면 그 출발 방향도 아주 중요하다. 시간 투자와 노력이 조금이라도 헛되지 않으려면 그 방향과 가는 길이 옳아야만 어느 때인가는 도착할 것이다. 방향과 가는 길이 옳지 않다면 얼마나 손해인가.

나는 이제 앞에서 나누었던 이 세계는 물질과 무형의 기운이 공존하고 그 기운도 맑은 기운과 탁한 기운의 작용으로 인간사 어려움이 오거나 그렇지 않고 좀 더 평온한 삶이 오거나 일반적으로 겪는 스트레스 해결 방법 등을 함께 나누었다.

그런데 어렴풋이나마 알게 되고 그 정도에서 살아가는 것이 만족하지 못하고 뭔가 이 세상에는 알아볼 것이 더 있을 것 같고 무척 알아가고 싶었다. 그래서 지금부터 2년 전까지는 그냥 일상생활을 하고 있었는데 무언가 내면에서 강력하게 치밀어 오르는 게 있었다.

그것은 바로 우리가 살아간다고 하는 보이는 세계와 사람들이 별로 관심을 두지 않는 보이지 않는 세계를 포함하여 모든 일체 세계는 뭔가 어떠한 체계로 운영되고 있을 것 같은데, 그러한 운영 체계를 조금이라도 더 알았으면 하는 강력한 바람이 내면에서 일어났고 그 염원을 항상 생각하여 왔다.

인연으로 하여금 새로운
자연공부로 응답을 주다

그런 염원을 가지고 생활하던 중 2023년 7월 7일 지인으로부터 SNS로 〈정신문화시대 『표적』에 대한 나눔〉 유튜브 채널 링크를 받았다. 받고는 별다른 큰 기대 없이 한번 들어보았다.

처음 들을 때는 분위기가 너무나 평범하였다. 무슨 말인가 하면, 이런 내용의 강의를 접할 때면 일반적으로 강의하시는 분이 수염을 길게 기르거나 머리카락도 길게 늘어뜨린다든지 또는 상투를 한다든지 특색 있는 외모로 강의하거나 법문이란 표방의 강의하는 내용을 접하곤 했다.

그런데 이 강의는 강의하는 분이 그야말로 너무나 평상적인 옷차림에 외모도 옷도 더 이상 치장을 하지 않은 상태였다. 강의하는 도중에도 기침과 재채기와 하물며 콧물을 닦는 모습도 자주 보이는 그러한 모습에 지금까지 어떤 공부 장면을 연상했을 때 조금 의아한 생각이 들었다.

우리가 보이지 않는 에너지의 세계를 다룸에 있어 수치를 제시하며 세상의 어떤 현상을 설명하는 것이 아닌가. 하나의 예를 들면

삶의 원리를 돌아보다

당신의 순수한 마음의 정도는 20%이다, 또 지금 이 공부의 요구에 대한 진행 노력은 50% 정도이다, 라고 제시하는 등 자연 공부를 진척 정도를 가늠해 알려주고, 이때까지는 접해보지 못했던 나란 개체와 조상과 그 너머의 세상까지의 체계와 얼개를 알 수 있도록 하는 나눔 강의를 접하였다.

그때부터 강의를 계속해서 들었다. 내면에서 '야 진짜 이러한 공부 강의도 있구나' 하면서 계속 더 들었다. 보이지 않는 기운이 체계적으로 운영되는 자연의 질서에 관한 내용이었다. 이때까지의 공부법을 내려놓고 하루에 몇 시간 이상 집중해서 듣는 공부로써 내 안에 맑은 기운이 형성되어야 한다고 했다. 또 실생활에서 자연의 원리로 모든 조건과 환경을 받아들이는 자세를 실천하도록 하는 것이었다.

공부 노력을 일상생활화하다

계속하여 듣기 공부를 하던 어느 날, 강의에서 공부에 가장 중요한 반가부좌 바른 자세로 하여야 한다는 내용을 듣고 그날 (2024.2.14.)부터 가르쳐 주는 대로 바른 자세를 했다. 처음에는 반가부좌 자세가 잘 되지 않아 다리를 폈다가 오므렸다가 하면서 했는데 며칠이 지나니 어느 정도 반가부좌 자세를 할 수 있었다. 또 강의 내용은 크게 염두에 두지 말고 "정신은 깨어있고 의식은 정의 자리 백회에 두고 자연에 대한 믿음과 신뢰 100%, 긍정마인드 100%, 마음의 문을 활짝 열고 순순한 마음으로 자연과 하나되고 하늘과 하나되어 마음의 불을 밝히겠습니다"를 마음으로 새기면서 듣기에만 집중하는 방법으로 지금 이 시간까지 실천하고 있다.

자연에서는 개인의 근기(根氣)에 따라 하루 5시간 또는 7시간 이상을 집중적으로 듣기 공부를 해야 효과적일 수 있다고 제시하므로 7시간 이상 시간을 투입하는 것을 기준으로 잡고 노력하고 있으며, 이제 일상화되고 있다.

이 듣기 집중 공부를 이제 1년 정도 매일 실행하다가 보니 효율

삶의 원리를 돌아보다

적으로 하는 방법을 생각했는데, 그것은 하루 중 새벽이나 아침 식사 전에 2~3시간 하면 집중도 잘되고 낮시간에 여유가 좀 있어 좋았다.

생활 현장에서도 긍정적 마음으로 마음을 열고 어떠한 상황도 받아들이는 게 또 공부이다. 처음부터 바라는 대로는 아니더라도 그렇게 실행하도록 노력 중이다.

현재까지 짧은 시간 공부를 실천해 온 터라 감히 그 효과를 말하는 것이 조심스럽지만 내면의 변화는 조금 감지되고 있다. 주변에서 어떤 환경이 들어왔을 때 그 감정의 기복은 많이 약해지고 그야말로 있는 그대로 자연스럽게 받아들여지는 측면을 느낀다.

결론적으로 이러한 자연의 원리에 의한 공부를 받아들이고 실행하는 입장은 이 세상 모든 일체는 대자연의 근본적인 질서와 운행원리에 의해서 아주 미세한 부문까지 어떤 것도 예외가 없이 적용되어 운행됨이 확실하기 때문이다.

그래서 대자연의 운행 질서와 체계는 이 인간세계에서도 그대로 적용됨으로 공부의 노력을 하고 실행하며 살아가는 것이 최선의 삶의 하나의 방법이라고 믿으면서 한 단계 한 단계 전진 노력하고 있다.

글을 마무리하며

자연과 함께 공부 내용 전까지는 기초를 닦았다고 볼 수 있고 이제 또 한 단계 나아가는 감이 드는 공부를 하면서 노력 중이다.

인생 삶의 여정에서 개개인의 노력은 어떠한 시간도 헛되이 흘려 보내기에는 이 한 생애가 너무나 귀하고 귀하다.

시간은 금이라고 하는 말도 있지만, 내 몸을 받아 삶을 살아감에 시간과 시간의 연속적인 세월의 한 귀퉁이에 서서 뒤를 돌아다 보면 참 세월은 빠름을 느낄 수 있었다.

개인적으로는 모두의 희망이 건강하게 살아가야 한다고 말하고 있다. 그러한 말들은 인생 말년에는 모두 건강 면에서 자유롭지 못하고 온갖 질병들을 안고 어렵게 살아가고 삶의 질이 매우 저하된 현실을 반향(反響)하면서 하는 우려의 말들이라고 본다.

삶의 원리를 돌아보다

어려움이 오기 전에 또는 왔더라도 바른 방향의 노력을 해서 인생 삶을 자연이 근본적으로 바라는 방향과 내용으로 긍정적으로 살아야 한다. 그래야 건강수명이 따라오고 어려운 환경이 물러나는 현상임을 나누고자 한다.

삶의 원리를 돌아보다

초판 1쇄 2025년 2월 28일

지은이 김점기
발행인 김재홍
교정/교열 김혜린
디자인 박효은
마케팅 이연실

발행처 도서출판지식공감
등록번호 제2019-000164호
주소 서울특별시 영등포구 경인로82길 3-4 센터플러스 1117호(문래동1가)
전화 02-3141-2700
팩스 02-322-3089
홈페이지 www.bookdaum.com
이메일 jisikwon@naver.com

가격 18,000원
ISBN 979-11-5622-922-3 03190

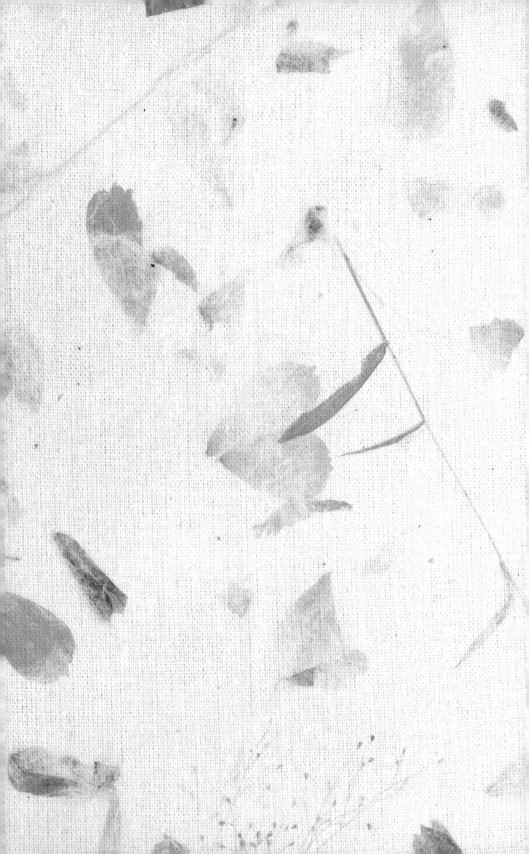